»Fröstelnd unter den Masken des Wissens, / Von Unerhörtem verstört, / Traumlos am Tag unter zynischen Uhren, ...« – die neuen Gedichte des einunddreißigjährigen Lyrikers Durs Grünbein zeugen in radikalisierter Weise von schmerzhaft desillusioniertem Bewußtsein und einem schonungslosen Blick auf die Anatomie unserer Zeit und ihrer Menschen. Bereits in seinem ersten Gedichtband *Grauzone morgens* bilanzierte der aus Dresden stammende Durs Grünbein das Lebensgefühl seiner Generation im sozialistischen Ghetto.
Durs Grünbeins zweites Buch *Schädelbasislektion* blickte unsentimental zurück auf den Zerfall der DDR und sezierte in wuchtig-wahrnehmungsscharfen Gedichtzyklen den Raum zwischen Gehirn und Schädeldecke, um Ich und Sprache sarkastisch zu diagnostizieren: »Was Du bist steht am Rand / anatomischer Tafeln.«
Zwischen 1991 und 1994 entstanden, zeigt Durs Grünbeins dritte Sammlung von Gedichten – *Falten und Fallen* – die Fortschreibung eines poetischen Konzepts.
Im Ausgang von präzisen Beobachtungen des Alltags, am Ort, wo das Banale und das Symbolische sich überschneiden, und auf den Spuren von Verletzung und Begehren sucht diese analytische Lyrik den Zusammenhang von Sprache und Physis zu erkunden: »Denk von den Wundrändern her, vom Veto / Der Eingeweide, vom Schweigen / Der Schädelnähte. Das Aufgehen der Monde / Über den Nagelbetten führt / Andere Himmel herauf, strenger gestirnt.«
Das Gedicht, schrieb Durs Grünbein, führt »idealerweise das Denken in einer Folge physiologischer Kurzschlüsse vor. Jeder Entladung folgt sofort wieder ein Spannungsaufbau und umgekehrt. Die Energie hierfür liefert ein Komplex, der eigentlich nur unzureichend mit ›Körper‹ bezeichnet ist, weil er sehr viel tiefer unter die Haut geht.«

Durs Grünbein

Falten und Fallen

Gedichte

Suhrkamp Verlag

Erste Auflage 2022

Druck: BoD GmbH, Norderstedt
Umschlag: hißmann, heilmann, hamburg
ISBN 978-3-518-24271-1

Für M.

»Seltsamer Zufall, daß alle die Menschen,
deren Schädel man geöffnet hat,
ein Gehirn hatten.«
Ludwig Wittgenstein / Über Gewißheit

Variation auf kein Thema

Variation auf kein Thema

Fortfahren ... wohin? Seit auch dies
  Nur der fällige Ausdruck
Für Flucht war, für Weitermachen
  Gedankenvoll oder -los.
Was aufs selbe hinausläuft, wie?
  Zug um Zug einer neuen
Erregung entgegen, einem Gesicht
  Zwischen den Zifferblättern
Im Schaufenster, Brillen für Liebe,
  Für schärferes Fernsehn, Särge
Und Möbel zum schnelleren Wohnen,
  Wo Engel an Kassen saßen, taub
Gegen ihr süßes, nekrophiles Hallo.

Wieder vorm Telephon, in der Vitrine
  Wie unterm Glassturz, kaum
War die Tür zu, erstarrt, ein Objekt
  Für Passanten am Straßenrand,
Starrst du auf dieses Tastenfeld, Ziffern
  Wie der stellare Zauberwald
Am Nachthimmel ... dezimales Mandala
  Das mit Erreichbarkeit lockt,
Mit plötzlicher Nähe, Geflüster, Verrat,
  Sogar Liebe – alles codiert
Wie seit langem im voraus, ein Leben
  Auf Abruf, und kaum gewählt
Explodiert eine Stimme in deinem Kopf.

Unterwegs zwischen Mutter und Äther
  Auf Sendersuche, den Pulsschlag
Des blutigen Hasen im Ohr, anästhesiert
  Wie unterm Handschuh die Haut
Von tausenden Innenstimmen, – wer weiß
  Wer da jedesmal sang, klanglos
Wie im genetischen Chor der Refrain.
  Großmutters *Ach* oder das *Hhm*
All der steinernen Gäste im Keller ...
  Bis den Mauern der Schweiß
Ausbricht und du dich flüstern hörst:
  Was für ein Aufwand an Panik
Für ein wenig abgeleckt werden, nachts.

Und morgens schießt aus der Dusche . . .
  Wasser, was sonst? Rot und Blau
Steht auf den Hähnen für Heiß und Kalt.
  Daß die Haut sich in Streifen
Abschält, bleibt ein alberner Alptraum.
  Kein Dorn im Handtuch, kein Blut
An den Fliesen – das Röcheln im Ausguß
  Heißt Hygiene, nicht Tod.
Und ob Seife noch immer aus Knochen
  Gemacht wird, der Schaum
Auf den Handlinien trocknend, sagt nichts.
  Ängstlich belebt, an den Haaren
Herbeigezerrt, stirbt ein kurzer Verdacht.

»Jedes hängt seinen Gedanken nach«
  War kein Motiv für soviel
Unterwegssein, blind für den Fakt, daß
  Auch dies sich vergißt. Bald
Wirst du völlig erledigt sein, rufen
  Die Jahre dem Staunenden zu.
Denn ganz ohne Prämien nimmt Leben
  Geschickt seinen Lauf. Aufzustehn
Morgens auf falschem Fuß, hochrot
  Mit den Hormonen im Fluß,
Ein anatomischer Torso vorm Spiegel,
  Die Arme im Anschlag, Augen
Weitaufgerissen ... um *was* zu sehn?

Keiner, der nicht hofft ... Und los geht's
Hinein in den Abend, der bald
Vor dem Andrang zurückweicht, Straßen
Auf Durchgang gestellt. Paradox
Das Gefühl, daß nichts fehlt, ohne dich.
Wie jemand, weit abgeschlagen,
Zu spät bemerkt, daß alles ihm fremd ist,
Schließt du dich schließlich
Dem murmelnden Draußen, dem Fließband,
Der geräuschvollen Mehrheit an.
Während oben, im Regen, ein Rotlicht,
Irgendein wippendes Frauenbein
Nach einer langen Nacht jäh verlischt.

Unwirklich das Zimmer, allein bewohnt.
  Im Spiegel Insektendreck, Staub
In den Ecken, gesammelt um Frauenhaar,
  Das schon Wochen dort liegt.
Keine Früchteschale, keine Vase in Sicht,
  Die einzigen Füllhörner, dicht
Gerückt, Bücher. Was von Stilleben blieb,
  Von den kleinen Tropismen sind
Ganz banale Rätsel wir eine blaue ... 13 ... –
  Aufs Handgelenk tätowiert,
Wunden, aufgesprungen, ein Muttermal.
  Lächelnd und kaum entsetzt
Suchst du in alphabetischen Gebeten Halt.

Nachgiebig weich wie in den Kniekehlen
  Fleisch – der begehrliche Traum
Wie er dem einzelnen zustößt, im Bett
  Oder offenen Auges beim Gehn:
Etwas blitzt auf, macht sich rar, intrigiert,
  Austernhaft kühl und feucht,
Um eine Falte, ein Büschel Flimmerhaar.
  War es ein Gaumen, der Spalt
Eines Augenlids, wie in der Infrarotsicht
  Wärme der Haut als Indiz für
Versteckte Leichen. Ein Hüftschwung reicht
  Und von neuem beginnt was
So hinfällig endet, so wehrlos und weich.

Und dann die Umgebung, die Verstecke
  Diskreter Leben, so einzeln,
Von Mängeln getrieben, gewinnverliebt
  Daß man vergißt wie man herkam
In diese Häuser mit Tarnanstrich, Zeuge
  Uralten und jüngsten Handels
Entlang der Ausfallstraßen aufs Land.
  Besser den Körpern zu folgen
In ihrer Brownschen Bewegung, höflich
  Phönizischen Regeln gehorchend
Statt den verbotnen Gerüchen, obszönen
  Flüchen und diesem Singsang
Auf ein paar Wellenlängen seit Orpheus.

Skeptisch, belesen, gereizt ... ganz im Stil
  Der Annoncen, unendlich fern
Jeder Landschaft, mit wenigen Strichen
  Gezeichnet, der Zeitungsmensch
Mit dem Innern im Zwielicht, warst du.
  O diese Zartheit der Lungen...
Das Xylophon aus verborgenen Knochen
  Vom Schädel zum Kleinen Zeh.
Und daß die Körper schwer finden, was
  Ihr Begehren sucht, daß Gewalt
Sie in Schlingen zwingt, bis sie hastig,
  Aufgezehrt vom Geschwätz,
Zum Ausgang drängeln, – wohin damit?

Unsichtbar sein, sich geräuschlos im Raum
  Bewegend, ein Körper aus Luft,
Klinken drückend, wie animiert, Treppen
  Herauf- und heruntergleitend,
Wie an Spinnweb-Flaschenzügen sich leicht
  Durch Fenster hangelnd, ein Ariel
Ohne Auftrag und unter niemands Vaterblick,
  Im Dunkel der Kinos zu Hause,
In Bankkeller, Schiffskabine und Luxussuite,
  Ein blinder Passagier, wunschlos
Hinter gebauschtem Vorhang, vom Licht
  Unbehelligt, vom Wer-ist-Wer:
In einer Welt voller Totschlag – schnell weg.

Achtlos, wie alles anfängt, noch schläfrig
  Im Gähnen blutend, siehst du
Dein Kinn im Spiegel zerschnitten, die Haut
  Unterm Schwedenstahl frösteln,
Die Augen im Morgenlicht glasig, ein Tier
  Das den aufrechten Gang übt,
Den Gebrauch von Werkzeug. Wie Läuse,
  Im Waschbecken wimmelnd,
Die Stoppeln Barthaar, – mit jeder Rasur
  Kehrt das Feilschen wieder, sucht
Deine Angst den Balanceakt: ein erstes
  Plädoyer für das Unschuldsherz,
Lang vor dem Adernöffnen die Amnestie.

Kurz vor Karfreitag packt dich der Schlaf
  Wie bei jedem Fest. Nichts
Stört den Ablauf der Tage. Blasphemisch
  Hörst du die Preßluft entweichen –
Irgendein Graben entsteht, ein Kaufhaus
  Lädt pünktlich zur Auferstehung
Mit neuen Preisen ein. Fast erleichtert
  Beschreibt ein Gerichtsbericht
Den Weinkrampf des Mörders, seinen Fleiß
  All die Jahre davor. Ostern
Bringt den Familien Arrest ein. Die Kinder
  Denken an Weihnachten. Bald
Gibt es Neujahrswünsche und Sekt um Zwölf.

Was für ein blutiger Knirps du mal warst,
  Ein runzliger Kobold, verknotet
Die Arme, die Beine. Mit bläulicher Haut
  Wie um dein Leben strampelnd,
Früh um dein künftiges Sterben bemüht.
  Und alles fing so untröstlich an
Mit einem gellenden Schrei, als die Welt
  In die Lungen zog, rasselnd.
Mit einem Schock (»Soviel Licht!«), einem Schnitt
  Flinker Scheren und Messer
In das einzige Fleisch, das nicht du warst.
  Der Nabel erinnert den Faden,
Die Zerreißlust der Parzen von Anfang an.

Peinlich, – schon auf den frühesten Photos
Dasselbe Lächeln voll Zutraun
Zum Objektiv, das die Strahlen bündelt
In ein Nostalgia, geöffnet
Für Millisekunden, der Körper verführt
Vom Versprechen der Wiederkehr
Der vertrauten Dinge. Und später ist Zeit
Mit den Händen zu greifen,
Ein Schwinden, bestürzend, auf Zelluloid.
Wie dein Lächeln sich auflöst
Beim Betrachten nach Jahren. Befangen
Vom Unbekannten, fixiert auf
Längst Fernes, weist dein Blick dich zurück.

Mannsdicke Rohre, in die du als Kind dich
  Im Versteckspiel verkrochst
Waren im nächsten Traum riesige Tunnel,
  Bunker und Tropfsteinhöhlen,
In denen du Urmensch warst oder Soldat...
  Doch vor allem erwachsen, voraus
Diesen schmächtigen Fesseln, der Ohnmacht
  Von Geschlecht und Statur. Flach
Auf den Wiesen warst du, von frischer Erde
  Betäubt, in den Mulden aus Gras
Dir selbst so nah wie die Birnen dem Stamm.
  Bis es galt, im Trikot zu gehn,
Freihändig pissend, die Schultern wattiert.

Denn was heißt schon Kindheit, nach Jahren
  Der Flucht, ein erpreßter Wunsch,
Sprungbereit auf den Lippen, ein Kehrreim
  Wie Heimat und Komm-nach-Haus.
Über die Schultern gespuckt, war das fatale
  Zurücksehn ein schlechter Tausch
Für das Kürzerwerden von Tag und Nacht.
  Verwaschen die Farben, die rosa
Idyllen aus Lammfell. Das war's: der Geruch
  Erbrochener Milch, das Komplott
Großer Körper, die dich fütternd erdrückten,
  Ganze Wolken von Hysterie,
In denen man laufen lernte und sich zu wehrn.

Seltsam, woran sich das Auge gewöhnt.
  Der geschlossene Horizont
Rings, und wo Fleisch war, das Dunkel
  Im Röntgenbild, helle Flocken
Für Mark und Bein. Noch beim Liebesakt
  Tropft das Rosa aus, rangeln
Die Körper in Einzelgliedern, tranchiert.
  Und der Blick ist schon kalt
Bevor das Leben erkaltet. Die seltne Lust
  Sich betastet zu fühlen, wach
Unterm Messer zu liegen, wird glitzernd
  Von Tropfen quittiert, Tränen
In denen die Freude sich sammelt als Rest.

Wie viele Gesten sind sinnlos, und dennoch
  Hält ein Staunen sie wach. Wütend
Einer Fliege zu drohen, in steifer Andacht
  Vor den Toten den Kopf zu senken,
Mit Grüßen und Winks sich die Einzelhaft
  Zu versüßen, kann amüsant
Oder anständig sein. Vor der Trägheit
  Der Wolken wird alles absurd.
Niemand sieht diesen Clown sich betrügen.
  Den Zeugen, kurz eingenickt,
Ist der Lidschlag entgangen, der Hinweis
  Gespreizter Finger, wenn List
Im Verkehr der Indizien die Zunge löst.

Was für ein Händepaar, was für ein Blatt
  Noten, ein verstimmtes Klavier,
Spielt da zusammen und du hörst nur dies:
  Üble Etüden im Vorraum
Zu einer der Ängste, einer der Kammern,
  Verboten, wie Uhrkästen eng.
Auf geschlossenen Deckeln die Schlüssel
  Für Überdruß, für den Rumor
In Bauchhöhlen ... Was für ein Taktzähler,
  Was für Gesang? Feiner Sand
Rinnt aus den Rasseln, den Fetischmasken
  Auf staubige Tasten. Hörst du
In welcher Enge du atmest, dich regst?

Daß es die Dinge sind, die dich verhöhnt,
  Schwindend im Tageslicht,
Dir selbst überlassen, daß Zeit sich zuerst
  An Lebendiges hält, Lächeln
Noch unwägbar, Nacken und feines Haar:
  Seit wann siehst du, wie weit
Dieses Einstweilen reicht, was den Möbeln
  Die Wette gilt? Aus der Sicht
Eines Stuhlbeins ist jeder Tisch ein Sarg,
  Unverrückbar im Schattenreich
Hinterbliebener Mieter, in dem Bewohner
  Längst Tote sind, auf Besuch.
Wie die Vase sich ausschweigt, die Klinke.

Unmöglich zu fliegen – mit dieser Brust,
  Flach wie bei Emu und Strauß.
Zu sperrig die Rippen und ohne Schwung
  Die Gelenke, nicht leicht genug.
Stehst du am Fenster, Arme verschränkt,
  Den Möwen im Sturzflug folgend,
Ist es wie Zahnschmerz, und jeder Bogen,
  Jedes Und, jede Rundung läßt dich
Am Boden zurück, Exemplar einer Tierart
  Vom Rückfall bedroht, Invalid
Mit gestrecktem Hals. Nur ein Pinguin
  Hält es aus im Stehn, am Rand,
Unter Flügelzucken und schwerem Traum.

Und was ist es sonst, als Magie, dieser Riß
  Zwischen Namen und Dingen,
Als einziges Echolot ins Verbotne: Tabus?
  Wie eine Hand, abgetrennt,
Unterm Tisch liegt ein ledriges Kaktusblatt,
  Kahl auf dem Teller die Gräte,
Einer Haarspange ähnlich in kaltem Fett.
  Daß man die Toten herausputzt,
Erzählt auf dem Bügel die Hose, das Hemd
  Über den Stuhl gelegt, nachts.
Ein Eimer vergrößert den Raum, eine Lupe
  Die feinen Risse im Schädeldach.
... Bilder wie Grabbeigaben an jeder Wand.

Grundlos, wie Leben entsteht, ist es bereit
  Zu vergehn in den Kehlen,
Durch die Finger zu rinnen, die Wand hinab.
  Was sich nie ausging, war Angst.
In jeder Kneipe zu haben, am rechten Fleck
  War es der Dampf an der Theke,
Der Geruch von geschlachteten Hühnern
  Aus Küchen, das ranzige Öl,
Das Zerkochen von Meeresfrüchten zu Müll.
  Schaudernd siehst du den Krebs
Mit verbundenen Scheren, Forelle und Aal
  Unterm Schlammbauch des Karpfen.
Im Kofferraum schreit eine Katze nach Luft.

Und oft wird auf halbem Wege der Tod
Unterbrochen, bevor er selbst
Unterbricht, – eine Stockung im Kreislauf,
Aufschwünge, Stürze, Bedauern
Wegen so vieler Enden, so vieler Beginne
Wie es Reflexe gibt, Wechsel
Der Ansichten zwischen Amöbe und Stern.
Das Einzeln-, das Irre-
Das Spaltungsirresein täuscht sich gewitzt
Vor zerbrochenen Spiegeln
In der Pose Vergeßlichkeit: jede Lücke
Ein verlorenes Fundstück,
Die Mühe, es wiederzufinden, ein Psalm.

Um von vorn zu beginnen, – der Anfang
  Liegt in den Tagen danach,
In den Zweifeln der Frau, wem die Wucht
  Dieses Andrangs galt. Möglich,
Daß ihre Echos ihr fremd sind am Morgen,
  Das Neue, zu früh in Sicht,
Sie erpreßt und zur Umkehr zwingt, Panik,
  Daß ihre Zeit nun vorbei ist.
Was ist sein Stöhnen gegen die Sprengung
  In ihrem Innern, den Schwindel,
Daß der Rhythmus gestört ist, ihr Zögern
  Eh das Ei seinen Ort erreicht,
Die Furcht vor dem Ende, das nun beginnt.

Sieh, wie oft du zurückzuckst, gespiegelt
  Im Lackglanz von Kühlerhauben,
In metallischen Sonnenbrillen, dir selbst
  Widerfahrend in einer Drehtür,
Die dich hineinzieht. So schnell vervielfacht,
  Warst du immer schon vor dir da
Wie der Igel im Märchen, lästiges Visavis.
  Hämisch auf Fettaugen treibend,
In jeder Suppe zur Stelle, in jedem Bier,
  Gab es nicht viel zu viele von dir?
Stand nicht noch immer in jedem Tröpfchen
  Eins deiner Doubles, im Zweifel
Ob Zeit wirklich sämtliche Züge verwischt.

Denk von den Wundrändern her, vom Veto
  Der Eingeweide, vom Schweigen
Der Schädelnähte. Das Aufgehn der Monde
  Über den Nagelbetten führt
Andere Himmel herauf, strenger gestirnt.
  Komisch die Höhenflüge, getrübt
Aus den engen Knochenhöhlen der Ausblick
  Auf Kloaken und Gräberreihen,
Hautflecken, zyklisch, und Sternbilder, nah.
  Weiter ist hier die Umlaufbahn,
Länger dauert es in den kälteren Nächten
  Bis die Blutung gestillt ist, Hunger
Den Körper versiegelt, das Schwarze Loch.

Lange her, daß dein Finger ein Halt war,
  Ein Laufsteg hinaus in die Luft,
Für den Sänger von Theben, das Heupferd,
  Die rasenden Maikäferhorden,
Den Hopliten am Feldrand, die Schildlaus.
  Immer färbten die Flügel ab
Der ermüdeten Schmetterlinge, Papyri
  Mit Hieroglyphen beschmiert. Kot
War die Schleifspur der Raupenkolonnen.
  Blattgrüner Hügel, der Daumen
Blutig vom Rumpf der zerdrückten Mücke.
  In den Handrücken brannte
Eine vom Fußvolk, die Ameise, sich ein.

Solange noch Gras sprießt aus allen Fugen
  Ist nichts verloren. Der Baum
Mißt die Menschenalter in kleinen Ringen.
  Von einer Wohnung für viele
Bleibt im Brandfall nur ein verkohltes Loch
  Oder ein schöner Spielplatz. Leicht
Steigt im Stadtwind aus Abgas ein Drachen,
  Fährt auf den aschenen Pfützen
Ein Schiff aus Papier. Wie dein Herz springt,
  Wenn die schimpfende Amsel
Ihr Stück Rasen verteidigt am Straßenrand,
  Und überall grünt es. Der Schritt
Federt oft über Gräbern, planiert zum Weg.

Doch der wahre Spuk war das Einmaleins
  Das die Träume in Netze legte,
Tagtäglich, das Schwirren von Bumerangs
  Um die zahllosen Dinge, der Zwang
Zu Gemenge und Handlung, das Rechnen
  Im Schlaf, algebraisch gelähmt.
Seit du, ein Häkchen, stumm überm Heft,
  Ziffern in Kästchen sperrtest
Bist du selbst dieses vielfache Ganze, geteilt
  In sezierbare Glieder, der Kopf
Zwischen Minus und Plus, Haut und Hirn
  So unendlich gefaltet. Die Tage
Gezählt, wird das Leben zum Intervall.

Fröstelnd unter den Masken des Wissens,
  Von Unerhörtem verstört,
Traumlos am Tag unter zynischen Uhren,
  Fahrplänen, Skalen, beraten
Von fröhlichen Mördern, vorm Monitor, –
  So wird man Sarkast. Fest
Steckt im Zähneknirschen die Reduktion,
  Im Mangel die Schadenfreude,
In Monologen aus Irrsinn das süße Singen
  Des Kinds, von zu Hause entflohn
Aus der Stadt, querfeldein, auf die Dörfer,
  Wo die Füße nachts schmerzten,
Der Augengrund, von Insekten bewohnt.

Die Nerven blank wie unter Flügeldecken,
  Genügt ein kreischender Baukran
Am Mittag, dich zu erschrecken, ein Pfiff
  Ums Eck, eine zischende Dose.
In diesem jüngsten Himmel-Hölle-Spiel
  Bricht etwas auf, sprengt Risse
Ins alte Hirngewölbe des Jahrhunderts.
  Der Boden dröhnt. Sixtinisch
Hallt es von musealen Stunden, tickend
  Im Zentrum, über leere Plätze.
Derselbe Kalk, der die Schlagadern engt,
  Drängt die Straßen ins Weite,
Teilt die Geister vor einer Hochhauswand.

Und immer das Warten auf den Transport
  Zwischen den Orten, wo Ankunft
Ein Portal ist im Regen, ein weißer Flugplatz
  Der sofort Abschied meint: Exit
Durch ein Tageskino, ein helles Nachtcafé,
  Vorbei an den Förderbändern
Mit raunenden Koffern, Taschen, vertauscht.
  Niemand da, der dich auffängt,
Trittst du zeitkrank ins Freie, schwankend
  Vor Raumnot, ein Evakuierter,
Den ein Taxi holt aus der Zone des Bebens
  Ins Hotel, vor die Schalterhallen,
Wo Zugluft ihn abschiebt aufs nächste Gleis.

Auch der kälteste Raum wird zur Sauna,
  Solange du irrläufst. Wie steil
Führt ins Endreich die Treppe, wie streng
  Der Geruch ist, die Trennung
In *Damen* und *Herren*... Die falsche Tür,
  Kaum berührt, lockt ins Abseits,
In verbotne Zonen, vor Wände, markiert
  Mit den Zoten der Gegenseite.
Nichts macht so einsam wie das Geschlecht.
  In Kabinen gesperrt, lauschend
Der stygischen Spülung, den Eingeweiden,
  Allein mit dem Ekel, der Lust,
Klebt an den Fliesen der Körper und träumt.

Gut zu wissen, daß Schwarz die Dinge hält,
Daß es die Blicke beschlagnahmt,
Ein letzter Zoll, verläßlich wie nie ein Blau.
Kein Verröcheln der Farben, kein
Quälender Schmerz, nur ein einfaches Aus,
Ohne Widerhall. Armes Klavier,
Das die Töne verspiegelt in seiner Politur.
Jedes Tuch behält mehr für sich.
Der heiße Asphalt zieht die Fußspuren ein
Der Passanten des Sommers. Nein,
Selten ein Schwarz, daß den Tod absorbiert,
Die Blutlachen aufleckt, das Licht,
Diese letzte Zuflucht der Nerven, begräbt.

Wußten wir, was den Reigen in Gang hält?
  Daß Lieben einsamer macht,
Schien erwiesen. Jeder behielt ihn für sich,
  Seinen Dorn, bis zur Unzeit
Das Blut die Verbände durchschlug. Selten
  Blieb jemand unverletzt. Eher kroch
Ein Schmerz beim andern unter. Verlassen
  Zu sein war das größte Übel,
Nichts zu fühlen im Frühling, wie amputiert
  Vor defekten Riesenrädern...
Wie uns der Wind in die Baumkronen hob,
  Aus denen wir fallen sollten,
Glücklich, mit einem langen Himmelsschrei.

Ging das meiste nicht spurlos an dir vorbei
  Ins Schweigen? Kaum aufzuhalten,
Der ferne Wolkenzug, der verregnete Tag,
  Ein Unfall, der tödlich endet.
Und jede Krise fing an mit dir. Du selbst
  Warst der eine zuviel im Stau.
Um dich her den erstaunlichen Schauplatz
  Verdunkeln Affekte. Ein Schock
Hellt ihn auf. In Gesprächen fließt Zeit ab,
  Beim Händewaschen, beim Essen.
Vor den Grausamkeiten schützt das Gebet,
  Das Idol vor der Zugluft –
Ein Gesicht, gealtert, kaum taucht es auf.

Ahnst du, wie überfüllt dieser Luftraum ist
  Mit Stimmen und Staub, schwirrend
Durch die Tiefen der Zeit. War die Libelle
  Von den Propellern des Weltkriegs
Ein Splitter? Tanzte der Mückenschwarm
  Sein Ballett nicht im Magnetfeld?
In den windkalten Korridoren der Straßen
  Erfaßt dich, noch aus der Ferne,
Der wache Dohlenblick. Aus dem Geraschel
  Des Laubs steigt der alte Disput
Theologischer Thesen. Zitternd verfehlst du
  Den einzelnen Kiesel, den Grashalm,
Die Umarmung der Erde, gefährlich wie nie.

In utero

1

Niemand berichtet vom Anfang der Reise, vom frühen Horror
Betäubt in den Wassern zu schaukeln, vom Druck
In der Kapsel, vom Augenblick, der sie sprengt.
Wochenlang blutig, und das Fleisch wächst amphibisch
Zuckend wie die Frösche Galvanis, in Folie eingeschweißt.
Horchen ist trügerisch und das Strampeln vergeblich
Wo Liebe erwidert und ein Herz schlägt, so nah.
Über Kloschüsseln hängend wie über offenem Grab
Erwacht bald die Scham. Und es gibt kein Zurück
Für die Hände, die Füße, Farnblättchen gleich eingerollt
Oder schlafenden Mücken, für Jahrmillionen im Bernstein.
Bis es die ersten Namen gibt, später, herrscht Dunkel,
Ein Chorus aus Lauten wie Alkohol, Hoden und Elektroden.
Hautfalten kräuseln sich, daß man den Säugling erkennt.
Alles ist vorstellbar, und ein Gehirn schaut herab.
Ein Blitz zaubert Landschaft in leere Augen.
Um als Lurch zu beginnen und zu enden als Mensch . . .

2

Wer hätte gedacht, daß es so einfach ist, schließlich?
Das Wetter schlägt um, Reste von gestern lösen sich auf.
Von Station zu Station geht der Körper in härterem Licht.
Als gäbe es wirklich Sprüche, die Regen machen, Regeln
Nach denen verstanden wird, ein Entsetzen, das trägt.
Mit den Tagen kommen die Tode, das »Ich bin der ich bin«.
Unscharfe Photos werden vom Sonnenlicht retuschiert.
Langsam biegt sich der Stachel zurück, kühlt die Wunden.
Der Schatten des Eigenen nimmt der Welt ihr Gewicht.

Hedo

War es nicht Hegesias, ein Hedonist,
Der den Selbstmord empfahl,
Sicherstes Mittel zur Unempfindlichkeit,

Zu völliger Seelenruhe und wahrem Glück.
Was rechtfertigt ein Zögern
Vor den großen Schüsseln, die kleinen

Eifersüchtig im Blick? Krustenhart,
Geben Austern ihr Bestes, die Kälte,
In einem Fetzen stahlgrauen Fleischs her;

Reiben die Zähne an Eiskörnern sich,
Bricht die gefrorene Rose in Stücke.
War es nicht der verletzlichste Teil,

Um den Begierden sich sammeln, Genüsse,
Etwas das wie zum letztenmal zuckt,
Abgetrennt wie das tägliche Exkrement.

Geo

Dieser lächelnde kleine Kitsch-Buddha
Aus zahngelbem Elfenbein
Made in Hongkong erinnert fatal

An gewilderte Elefanten, Gewalt
Afrikanische Killer,
Schleichwege, Geister, Schweigegeld

Und an Hannibals Umkehr, den Schlaf
Dicht vor den Toren
Des Ersten Rom.

Xeno

Und dann war da noch Claudius Aelianus,
Sophist, und als solcher fixiert
Auf das Leben der Tiere (sein Stoff

Nach den Mustern von Artverhalten Moral)
Gab er der Ratte, aus Furcht
Vor den Rändern des Reiches

Und allem bösartig Fremden, gut römisch
Den Namen *Kaspische Maus*.

Nach den Fragmenten

1

Lesbias Käfig steht leer. Aus Aphrodites Geleitzug
Entlassen (*»Passer, deliciae . . .«*), arbeitslos
Schwirren die Spatzen umher.
Brotbettler im Straßenstaub sind diese kleinen
Gefiederten Widerhaken
Verloren auf ihren Inseln im Autolärm.
Wirbelnd in Auspuffschwaden,
Alarmiert unterm Blick des Voyeurs stieben sie weg
Um kurz darauf
Niederzuregnen als graues Konfetti.
Ihr Aschermittwochspatzen . . .
Hungrig, zerzaust, fast erstickt
Im Mief einer Sex-Kabine, in Peepshow-Einsamkeit
(Klick!)
Jeder Aufflug ein *Quickie,* ein Zank um Speisereste,
Schrill zwitschernd, ein Münzenregen
Aus einem Automatenloch.
Ehemals Gardeflieger auf Zypern, heute Maskottchen
Nervöser Großstadtlieben, sich rempelnd im Zoff,
Sind sie, wie immer zur Stelle,
Nur ohne Auftrag, dem Tod
Um ein kurzes Flügelschlagen voraus.

2

Cattleya, Cannabis, Clit ... mit den Wurzeln nach oben
Saugt ein Wort als Fetisch
So gut wie ein andres
Empfindungen an.
Eine Flora aus Allusionen
Überwuchert die Oberflächen und spuckt ins Gesicht
Dieser Schönen Giorgiones
Pazifische Wellen aus Badeschaum
Samt Strandgut und totem Fisch.
... Zufall
(wie Geilheit an Schönheitsfehlern sich reibt)

Treibt die Namen ins Fleisch, hält in Achseln versteckt
Kleine Blumen des Bösen, im Haar
Mona Lisas ein Stethoskop.
Spitze Schreie und Blutpipetten, Orchideen aus Draht,
Glasstaub im Hinterhalt eines Nackens –
Risse beim Küssen verklebt, Zeit
Ins Gedächtnis geätzt.
Kritzeln und Kitzeln, – *old* Zeus
(noch als Juckreiz ein Gott)
Kannte auch diese List, ameisenklein
Eingenistet ... wo das Geschlecht am empfindlichsten ist.

Trigeminus

1

Dann gingen wir schwimmen, mit den Toten auf du und du.
In eisgrauen Baggerseen stieß der Fuß auf Gestänge
Rostiger Rohre, Maschinenteile, versenkt im Morast.

Es war dunkel dort unten. Wie offene Welsmäuler steckten
Periskope im Schlamm, Geräte tückischer Überwasserwesen,
Installiert gegen aufkommendes Leben, im Schutz der Nacht.

Vor den entzündeten Augen, wie Schlingpflanzen, lose
Trieben die Atemblasen der andern, vergebliche Wünsche,
Mit den schaukelnden Zerrbildern zurück ins Gestrüpp.

In der Haltung von Fröschen, faulenzend, zogen wir Kreise
Zwischen Ufern kaum älter als wir. In den Wasserspiegeln
Erblickten wir Sägeblätter, Kniescheiben, rotierende Schatten.

Die Hand streifte Stichlingsnester. In pfeilschnellen Trupps
Schwärmten die Zähesten aus, Pioniere im Trüben. Es galt
Keine Luft zu verlieren, verletzt unter Wasser, kein Blut.

Und jeder erzählte sie anders, Geschichten vom kalten Stern,
Von Traktoren, auf denen Skelette saßen, am Grund nachts,
Wo die Erde gefror und Liebespaare beim Baden ertranken.

Denn alles war um den einen Stachel zentriert, diesen Dorn,
Zum Aufspießen der Wolken, den uns ins Fleisch trieb
Klein, auf dem Handteller zappelnd, der erste mutierte Fisch.

2

Gezeugt im verwunschenen Teil eines Landes
Mit Grenzen nach innen, war er Märchen gewöhnt,
Grausamkeit. Daß der Himmel zu hoch hing,
Grund für die Kindheitsfieber, machte ihn platt.
Später ließ es ihn kalt. Dicht wie die Fenster
Hielt er dem Außenraum stand, – ohne Ausblick.
Hinter den Hügeln, gespenstisch, zog den Schluß-
Strich kein Horizont, nur ein rostiger Sperrzaun.
Landeinwärts ... gehegte Leere. Sein Biotop, früh
War ein riesiger Müllberg, von Bulldozern
Aufgeworfen, am Stadtrand. Ein Manöverfeld,
Naßkalter Sand, übersät mit Autoreifen und Schrott,
Dazu ein schillernder Teich, eine Einflugschneise,
Ein dürres Wäldchen. So bodennah sah er
Den Lerchenflug aus der Perspektive des Wurms.
Bald konnte er lesen. Und jeder Lilienthal
War ihm lieb, der bewies: Leichter als Luft zu sein,
War normal. Für die Dauer des Traums
Spann aus feinsten Düsen ihm Zeit eine Zuckerwatte
Aus Wasserstoff, unerreichbar für jeden
Abfangjäger, lautlos, ein weißes Flugobjekt.
Er war oft in Gedanken dort oben, wo ein Triebwerk
Die Wolken fräste. Daß jedes Abseits sich selbst
Das nächste war, gab seinen Blicken Halt.

3

Weit draußen, sobald man die Schläfen rieb, hellhörig stromernd ...
Den Siedlungen fernblieb, Bahngleisen folgend und Feldern –
War man nicht fremd hier? Lag nicht gleich vor der Tür,
In den unerwiderten Rufen, im Dunkel, die Grenze
Zu einem Imperium bis zur mongolischen Steppe?
Daß man umstellt war, eingekreist von beweglichen Truppen,
Sah man erst bei Gewitter, in den Räderspuren im Wegschlamm
Oder beim Aufschein von Taschenlampen an Waldrändern abends.
Undenkbar daß ein Kind, beim Ausflug auf seinem neuen Fahrrad,
Hinter dem Drahtzaun dem fernen Kirgisen im Wachturm,
Dem sibirischen Posten nicht winken sollte, so nah.
Überall gab es Tatorte, graue Regionen. Ein kalter Atlas
Wuchs mit der Kopfhaut über Nacken und Stirn,
Mit jedem Gesichtsnerv, vom Regen erregt,
Bis man das Rauschen von innen erkannte: den Osten,
Die bleiernen Flüsse, die Ebenen, diese Erde im Dauerfrost,
Alles was groß war, verloren und weit bis nach Wladiwostok.
Jeder Schuß zog einen Strich durch den offenen Raum, eine Naht,
An der entlang man sich trennen lernte, jedesmal etwas leichter,
Von den verwilderten Gärten, den entdeckten Verstecken im Wald.
Eines Tags, unterm Laub ein Schwelbrand (aus welcher Saga
Von Taigajägern) war da ein Ameisenbau wie ein Haufen
Knisternder Späne, in dem man brennend versank,
Noch einmal geboren, die nackten Arme verätzt.
Einer ertrank beim Schlittschuhlauf. Einer
Erbrach sich als ein andrer ein Auge verlor
Im Spiel mit gefundener Munition. Einer schrie,
Weil die Luft, wie von Sternenlicht infiziert, ihn bedrückte.
Knirschte der Schnee unterm Schritt nicht wie Insektenpanzer?
Blieb man nicht längst von zu Hause weg ... in verbotenen Zonen
Unterwegs hinterm Sperrzaun, am Schlachthof, auf Aschehalden

Mit Platzwunden täglich und wechselnden Freunden. Trennung –
Das warn die schmalen Gräben, im Auf- und Abgehn gezogen,
In kalten Händen die Zirkel, bis das Gezeter erstickte
Im Schrank zwischen alten Pullovern, Geographie-
Büchern und Lexika, einige Wetterkarten
Vor dem kurzen *Seither*.

Dezemberreim

Trockne Luft macht die Mundwinkel wund,
  Rissig die Lippen, die Haut
Sandpapierrauh, wie verhagelt ein Mund
  Der den Worten mißtraut.

Weil Gewalt hier schnell weichgespült wird,
  Blabla, brutal und Berlin.
Nasenblut, quietschend auf Fliesen geschmiert,
  Nur die Schaulust schaut hin.

Es heißt, daß Haß sich hier länger hält
  Wie höher im Norden Fisch.
Eiserne Lungen, braucht es, in hartem Geld
  Zu schwimmen, eiskalt erwischt.

Seltsam, wenn selbst ein Lächeln wie dies
  Vergeht, muß was faul sein hier.
Wie Platzangst befällt *this german disease*
  Noch das freundlichste Tier.

Im Zweieck

1

Schief, von der anderen Seite der Straße, derselbe
Kam ich mir selbst entgegen.
                                        Der Schock
Über das wenige, das ich war, gab mir Halt
Wie ein Fahndungsphoto an einer kahlen Wand.
Sonst wäre ich abgetrieben im Morgenwind.
Mit meinen leeren Händen, verbeulten Knien,
Dem heimlichen *Seelenleben*, dem Mageninhalt,
Im Traum obduziert, wäre ich abgeschmiert,
Hinter mir Glücksversprechen und vor mir
Die diaphanen Einsamkeiten von Stadt zu Stadt.
Oder fing mich dein Lächeln ein, dieses Lasso,
Schräg über die Straße geworfen, dein wacher Blick?

2

Einige Finten voraus, und auf der Schwelle das Zögern, erst dann
Fing das Zehnfingerspiel an, ein behutsames Lösen der Schlingen
Vom Mißtraun gelegt, von früheren Lieben, von falscher Scham.
Wie beim Beringen der seltensten Vögel lag alles in einer Hand.
Jeder war hellwach, bereit, mit den heimlichen Zeugen zu streiten,
Die überall saßen, in jedem Café, verscheucht mit nervösem Gruß.
Schneller als sonst wirkten die Drinks, und bald war es bittersüß
Nur von spitzer Berührung, von Worten wie Seitenstechen im Gehn
Auf dem Heimweg.
... Rosen ... Kondome ... Sappho ... Serotonin ...
Jeder tat, was den andern verwirrte – mit gespenstischer Neugier,
Den Keuschheiten folgend, den Streifen Lust. War nicht im Dunkeln,
Genitalien die Münder, jeder Zungenkuß Hunger nach Untergang
Wie übers Hochmoor zu laufen, barfuß, oder im Kreuzotternrevier.
Ein wenig Druck auf empfindliche Stellen, und es brach Schweiß aus.
Nachthimmel sanken, Sterne zuhauf. Impfnarben glänzten, entblößt.
Schweigen verbarg Ironie, das Gefälle der Jahre, oben du, unten ich.

3

Dann traten wir befreit hinaus ins Freie, in den Fluglärm. Nie zuvo
War soviel Leichtes zwischen uns, hier unten. Fortgewirbelt
In den Alleen mit nassem Laub, uns kindlich an den Händen
fassend,
Suchten wir nachts das Grab der Emigrantin auf dem Friedhof
In Friedenau, die tote Eleganz, den stehenden Applaus der Kränz
Für diese Preußin aus dem fernen Hollywood. Auf einer Parkban
Saßen wir lange rittlings unter Bäumen, durch den Stoff die Hau
Am Innenfutter reibend.
Den frischen Erdwall zwischen uns und i
Sahn wir der Faltung zweier Körper zu, und zweier Blößen
Einander zugewandt. Wie aus der Nähe alles aufgewölbt hervortra
Konvex sich spiegelnd wie auf Löffelrücken. Viel zu flink
Störten die Finger, Lippen, Wimpern rings die konzentrierte Zeit
Verwesung, Fäulnis, Wühlen der Erinnerung, – wie staunten wir
Noch heftig atmend, auf den Glamour des Verborgnen, die Parad
Der immergleichen Letzten Sprüche hoch von unserm Zaun hera

4

Regen glich ihrem stillen Tun, nachts im Bad. Leiser Singsang,
Knistern halblangen Haares, das der gelenkigen Bürste folgt.
Vor der Kulisse von Wasserrauschen ein Madrigal, stecknadelfein.
Regen glich dem narzißstischen Tanz aus Frottiergeräuschen
Und hellem Geklirr, ihrem Auf und Ab und der sicheren Hand
Zwischen Tuben und Schachteln.
Den Streifen Creme an den Fingern,
Den roten Flecken im Handtuch, Regen glich ihrem nackten *swing*
Vor beschlagenen Spiegeln, der störrischen Dusche, den Spritzern
Und dem beschleunigten Atem von Turnern an einer Sprossen-
wand.
Regen war die zerflederte Partitur, auf der sie ausgleitet, barfuß
Und eher ungeschickt, auf die Fliesen gestützt
(»Alles glatt hier!«)
Sich bückend, um ihm zu zeigen wie herrlich weit sie geöffnet,
Wie glänzend naß sie noch war, soviel später. Und zum erstenmal
Sah er so nah zwischen den Schenkeln das Weiß, *Aphrodites*
Schaum.

5

Draußen am Fensterglas standen die Regentropfen wie Augen
Zögernder Tiere im Scheinwerferlicht, in dieser ersten Nacht
Mitten im Sommer, als wir Novizen waren in unserem Kult.
La vita nuova... ein Ritual auf Matratzen, auf denen Platz
Genug war für fliegende Fetzen, Crescendi, erschöpften Schlaf.
Wo Umarmung nicht hielt, half uns Flüstern zurück, züngelnd,
Zu den Konturen der Körper, von keiner Extase verwischt.
Härter mit jeder Berührung, wie beim Putzen der tote Fisch
Blieben die Sehnen gespannt, die lauernden Muskeln im Nacken
Fühlbar wie Schädelnähte, Stränge zu einem entblößten Herz,
Das wir stückweise aßen, uns fütternd, aller Verbote bewußt.
Waren wir wirklich allein, staunend, mit fluoreszierender Stirn?
Oder sahen wir selbst uns zu, äugend, zwei nachtaktive Exoten
In einem Tropenhaus, künstlich beleuchtet, hinter dem Schild:
»Musikalisches Wirbeltier. Lebt in warmen, trockenen Räumen
Zwischen Grünpflanzen. Besonderes Merkmal: sexuell reflexiv.«

6

Etwas im Hof klirrte damals, irgendein morscher Ast
Splitterte über den Gittern, und dann war Stille,
In die ich dich sagen hörte »Laß dich ganz los...«.

Und schon fing es an, unser Augen-in-Augen-Leben,
Mit brennenden Zungen, im Stadtinnern, Hast
Bis man sich auffing »Wer hält das aus...«.

Denn daß Schlaf ein Vorausgehn in Niemandsland ist,
Nachtschwarz das All hinter scheinbaren Wolken,
Nahmen wir lächelnd mit einem »Ach...«.

Dieses Schwachsein nach einem Tag ohne Telephon,
Das Getue von Fischen, Girlanden, bis ein Wink
Den nächsten ergab »Lauf mir nicht weg...«.

Unser verspieltes Quid-pro-quo: etwas hieß Pfirsich
Und war doch ein Lidrand. Sagten wir Moos,
War ein Verlangen gemeint »Jetzt oder nie...«.

Wieviel Nacktheit uns zukam, in fremden Zimmern,
Verwirrt vom Komfort. Deine Finger im Toaster,
Gabst du mir Rätsel auf »Denk an das Ei...«.

Bis die Stellung unhaltbar wurde, von nun an Wind
Jeden Ruheplatz aufhob: unten die Himmel,
Blutjung das Frühjahr über mir, du.

7

Versierte in einer schwierigen Welt wollten wir sein, wie Gangste
Mit Augen, ungetrübt, und leicht federnden Schritten, unscheinba
Experten in einem technischen Traum, einer Studie ... mit Knöcheln
Verläßlich wie Blutdruckmesser in Schwesternhänden. Dein Mun
Sprach es als erster aus, trocken. »Jeder Balance folgt ein Fall.«
Und je höher der Balken, das Seil, um so süßer der Rippenbruch
Den gezerrten Bändern, später, ist Liebe ein raffinierter Schmerz
Den nur Gymnastik stillt, böse Spiele in Gruppen, zu dritt, zu fünf
Bis wieder die Schultern gebunden sind, aufrecht an Bett und Stuh
Jede neue Verletzung reißt die Körper aus ihrem fernen Schlaf,
Macht sie einzeln, diskreter, bewußt. Und eines Tages ist Eifersuch
Nicht mehr diese Spannung beim Aufschlitzen durchnäßter Brief
Oder die peinliche Ungeduld, wenn der andre am Radiokno dreht,
Wenn er am Lenkrad weit weg ist, seine Handgelenke, noch schläfrig
Früh in den Kühlschrank tauchen, und der Raum gibt den Blick fre
Auf Zeiten und Szenen, wo es jeder mit jedem zum erstenmal trie

Mensch ohne Großhirn

Biologischer Walzer

Zwischen Kapstadt und Grönland liegt dieser Wald
Aus Begierden, Begierden die niemand kennt.
Wenn es stimmt, daß wir schwierige Tiere sind
Sind wir schwierige Tiere weil nichts mehr stimmt.

Steter Tropfen im Mund war das Wort der Beginn
Des Verzichts, einer langen Flucht in die Zeit.
Nichts erklärt, wie ein trockener Gaumen Vokale,
Wie ein Leck in der Kehle Konsonanten erbricht.

Offen bleibt, was ein Ohr im Laborglas sucht,
Eine fleischliche Brosche, gelb in Formaldehyd.
Wann es oben schwimmt, wann es untergeht,
Wie in toten Nerven das Gleichgewicht klingt.

Fraglich auch, ob die tausend Drähtchen im Pelz
Des gelehrigen Affen den Heißhunger stillen.
Was es heißt, wenn sich Trauer im Hirnstrom zeigt.
Jeden flüchtigen Blick ein Phantomschmerz lenkt.

Zwischen Kapstadt und Grönland liegt dieser Wald
...Ironie, die den Körper ins Dickicht schickt.
Wenn es stimmt, daß wir schwierige Tiere sind
Sind wir schwierige Tiere weil nichts mehr stimmt.

Mensch ohne Großhirn

1

Erstes Arkanum, das hieß
Blanker Sarkasmus, List über alle Maßen
Zerrissenheit, was vom Wissen bleibt.
Mit der Drastik als Credo, dem Wandern
Um das numerische Nichts war Statistik
Vergeßlichkeit.
Jede Quote reißt Zoten.
Wie mein Hasenherz weiß, wie es weiß
Daß es bluten muß, irgendwann erwischt.
Weltscheu wie Dürers Hase liege ich nachts
Vor Bedeutung flach.
Gab es mehr als Flucht,
Fleisch, von den Knochen gelöst, Blöße
In der Zeit des Verschleißes ein wenig Spaß?
Rückzug aus der Borniertheit Sprache,
All diesen Achs und Wehs
Diesseits der Zoologie.

2

Zweites Arkanum, das war
Indifferenz, die totale, Qualen verschalend und Male
Wie sie die Herkunft verschreibt.
Unsichtbar tätowiert
Ist es die Haut die in Schweigen hüllt, Blau
Eine Spannung von Adern und nackter Gewalt.
Welche Freude macht vor dem Schauhaus Halt,
Vorm zerstückelten Leib?
Jeder bessere Witz
Bohrt sich ins Stirnbein ein. Nur allein zu sein
Ist schon Spuk genug.
Hinter dünner Schläfenwand
Unerkannt, war das Bewußtsein ein rohes Ei?
Blätternd in Röntgenbildern sprüht dir der Wind
Silbrige Tröpfchen ins Haar, Gelatine und Chrom.
Komm schon, Stimme im telephonischen Wirrwarr
War das Blabla ein Versteck vor dem Tod
Symbolisch oder banal?

3

Drittes Arkanum, das hieß
Alles willkommen was kommt. Biegsam und isotrop,
Bis es im Kleinsten, in den Gelenken denkt.
Ausgerenkt
Jeder Arm der zu halten sucht was unhaltbar ist.
Schon ein Sandkorn löscht diese Augenwelt aus.
Ein schwacher Luftzug richtet das Flimmerhaar auf.
Und es singt weiter »Kleine psychische Illusion...«
Auf dem falschen Ton.
Nicht bevor er bricht
Wird dir klar, wie zerbrechlich dein Knöchel war.
Keine Zelle bleibt was sie ist. Alle sieben Jahre
Ist der Körper ein andrer, die Haut unverwandt
Wie im Spiegel der Fingernägel das eigne Fleisch.
Entzogen der Boden, totcodiert der enorme Raum
Und die Skelette zerfallen im Labyrinth.
Also allein, also blank,
Also was?

Homo sapiens correctus

Am 6. Januar 1965 bohrte sich Joe Mellen-Bart Huges in Amsterdam im Selbstversuch ein Loch in den Schädel. In Anwendung der Druckmethode, die er zuvor in seinem Traktat *Homo sapiens correctus* beschrieben hatte, sollte so die störende Hirnflüssigkeit entfernt werden. Die Idee war ebenso einfach wie physiologisch einleuchtend, galt aber in Fachkreisen als verrückt. Huges, der nach getaner Operation unter psychiatrische Aufsicht gestellt wurde, glaubte, sämtliche Übel zwischen den Menschen resultierten aus der Furcht, sie könnten die Kontrolle über ihr Hirnblut verlieren. »... vier Milliarden Geiseln der Zeit« – Bevölkerungsstand von 1965.

Dampf aus dem Rückenmark abzulassen
Setzte sich Joe ein Loch in den Kopf.
Zapfte den Liquor ab, füllte Flaschen und Tassen.
Und alle dachten sie »Nicht zu fassen«.
Aber Joe war entschlossen und heimlich,
Die Badtür von innen verschlossen,
Nahm er sein Werkzeug und bohrte los.
Platz für sein wertvolles Hirnblut zu machen
Preßte er aus dem System allen Saft.
Psychiater, Chirurgen, die Fachleute lachten, –
Keine Ahnung vom Großen Erwachen,
Vom Dritten Auge und all diesen Sachen.
Schließlich rief Joe, *cet enfant terrible,* »Geschafft«.
Örtlich betäubt und den Schädel rasiert,
Kaltblütig wie Kinder die Notbremse ziehn,
Sah er sich operierend im Spiegel, skalpiert
Nach Indianerart und danach trepaniert
Frei nach dem Handbuch der Hirnchirurgie.
Spritze, Skalpell, Spatel, Bohrer und Schaber
Holten ihn aus der Schwerkraft ins Dauer-High;

Aus Überdruck, Selbstkontrolle, dem Wenn und Aber
Labiler Lappalien, brutalen Gelabers
Das Joe nur als Krankheit kannte: Erwachsensein.
Endlich den Kopf frei, trat Joe vor die Presse
Sagte sein *Ecce homo* und zog sich zurück
Hinter üble Gerüchte von Neuro-Exzessen,
Afrikanischen Riten, Selbstverstümmelungs-Messen
Und jedem war klar »Der Typ ist verrückt«.
Unter den vier Milliarden Geiseln der Zeit,
Insassen des einzigen milden Weltraum-Asyls
War *alien* Joe als erster soweit
Zu begreifen daß Ich ein bedingter Reflex
Und Heilung nur möglich war durch ein Ventil.

Im Museum der Mißbildungen

Aber ein Mensch ohne Großhirn, wo führt das hin?
Im Reagenzglas trübt sich die Gewebeprobe, ausgefällt,
In einem Schälchen treibt wie Gallert einer Feuerqualle
Ein Schleimhautfetzen, eine alte Liebe ... Sieh dich um –
Ein langer, plankenstarrer Gang im *Licht der Medizin*,
Entlang der Wände mit den Mauerrissen wie Geäder
Stehn die Vitrinen voll amorpher Naturalien, dürre Reste
Von Beutezügen durch die Darwinschen Provinzen.
Milchweiße Monster, halb Kugelfisch, halb Wasserkopf
Mit transparenten Schwimmhauthänden breit wie Flügel,
Anencephale Früchte mit dem Auftrieb einer tauben Nuß.
Ein Säugling, das Zyklopenlid zum Schlitz verengt,
Wolfsrachen und Grimassen wie von Außerirdischen,
Mit bösen Stirngewächsen eine Kollektion von Gnomen,
Gestauchte Föten, eine Katzenmumie wie gedörrtes Obst,
In großen Augenhöhlen statt des Wüstensandes Staub.
Aus einem Kasten schielt ein Zwilling, siamesisch,
Daneben ein verwachsnes Lämmerpaar, ganz *Agnus Dei*.
Um einen marinierten Stierkopf samt Tumor im Glas
Spinnweben, eine tote Spinne und auf Vorrat Fliegen ...
In gelber Flüssigkeit, betrunken, treibt ein halber Hund.
Aber ein Mensch ohne Großhirn, was soll das sein?

Meditation nach Descartes

1

In welchem schneebedeckten Jahrhundert, mit Fingern
Steif auf bereifte Scheiben gemalt, erschien dieser Plan
Zur Berechnung der Seelen?
                                        Was so lange ein Hauch war
Vor getrübten Augen, ins Dunkel gesenkter Stirn,
Hing nun als glitzernder Tropfen in der Gewitterluft
An einem Brustkorb, aus Zweigen geformt.
Saubere Schnitte legten den Blutkreislauf frei
In den Armen des Schächers, am Hals des Gehenkten
Das hydraulische Wunderwerk. Endlich
Gehorchten Betrug und Verrat geometrischer Form.
                                        Zwischen den Armen
In Klammern gesetzt, war der Kopf ein gesichertes Ziel
Für den göttlichen Anschlag, den kosmischen Staub.

Landschaft und Denken und Ich, alles lief auseinander.

2

Einen Körper zerstören ist leicht, kinderleicht.
Es genügt eine Zeichnung, ein Entwurf, der zerreißt
Die Gewebe, den hauchdünnen Fallschirm Lunge, das Herz,
Lange im voraus.
                    Methodisch, mit Klingen und Nadeln,
Rückt Tod nun zu Leibe, dringt in Hohlvenen ein,
Öffnet Klappen, Ventile, näht die Schädel hinter sich zu.
In einer Fischblase gefangen, ein Novize der Melancholie,
Blaß vom Sezieren, wirft sich der Wundarzt, der Anatom
Vor Spiegeln in Positur. Ganze Zimmer verschwinden
Im Sog einer Bauchhöhle, einer erbrochenen Schläfe.
Ein Thermometer, eingeführt in den Schlund, eine Gabel
Wird zum tödlichen Werkzeug. Doch das beweist nichts
Gegen die Wiederkehr alter Träume auf rissiger Leinwand,
Das Arkadien des Unbewußten auf dem morschen Brokat
Goldener Gobelins.
                    Etwas schlägt zu, und es bleibt
Das geheime Indiz, dieses vorletzte, letzte
Bild auf dem Augenhintergrund nicht.

Aus den Romantischen Kriegen

»Vielleicht war ja ein Äderchen geplatzt
In meinen Augen, als an diesem Morgen grau
Die Luft sich trübte. Plötzlich war der Herzschlag
Nurmehr ein Echo alles Draußen, das mich trug.

Ein Nichts an Körper und ganz allgemeiner Atem,
Gehörte ich den andern eher als mir selbst,
Erwacht zu Alltagsseligkeit. In solcher Frühe
Ein unbekanntes Tier, vergaß ich meinen Weg.«

Aus einem alten Fahrtenbuch

Nach dem Untergang des Sozialistischen Reiches fand sich, in einem Blechkasten, vergraben im Sand eines militärischen Übungsgeländes in Sachsen, ein Manuskript. Die einzelnen Blätter lagen, an den Rändern verkohlt, zwischen den Seiten eines Fahrtenbuchs, vermischt mit technischen und anatomischen Zeichnungen, einer Maschinenabschrift der Achten *Duineser Elegie* Rilkes und dem Apotheksrezept für ein schmerzlinderndes Mittel.

... sitzend im Panzer der Sprache, fahren bis an die vordersten Linien des Draußen, dorthin wo das Gemetzel beginnt. Der Panzer beschützt mich, er ist rundum vernietet, aus stählernen Platten gebaut, stabile Grammatik. Innen ist er geräumig, mit ausreichend Platz für viele von meiner Sorte, ein kriegstechnisches Meisterwerk. Für wie viele Jahre, frage ich mich, bin ich hier eingeschweißt, heiliges Büchsenfleisch. Kommt irgendwann eine Zeit, da er einfach verschrottet wird? Auf dem Platz des Bordkanoniers, wo ich sitze und durch den engen Sehschlitz nach außen spähe, ist es angenehm kühl. Mich selbst kaum, nehme ich entweder nur die Umgebung wahr oder den Panzer oder beide zugleich, aber niemals den Raum, diesen ungeheuren Raum um mich her. Die Landschaft in der wir uns fortbewegen, hat ihre Namen verloren. Je nach Sicht freundlich, unfreundlich ist sie verstellte Fläche, selten noch ländlich, bis ins kleinste zersiedelt, ein Stück unübersichtlicher Erde, ihr offenes Angebot eine feindliche Lichtung. Heimat heißt dieser Abstand von einer Bodenwelle zur nächsten. Erstaunlich nur, wie der gerodete Boden sich aufwölbt, seinen Unrat lotrecht zum Himmel reckt. Architektur ist dieses Vielzuviele an Vielzuvielem auf engstem Raum. Wind und Wetter kommen hinzu, Sperren und Hinterhalte, Straßen in denen man leicht in die Klemme gerät und auffällt mit seinem Panzer, nicht zu vergessen das Gewirr von Geräuschen, es könnten andere Sprachen sein, ich verstehe sie nicht, macht nichts, das ist es was um uns geschieht. Doch was immer mir in den Weg kommt, ich bleibe im Panzer der Sprache, hier bin ich geschützt, einzigartig bewehrt. Hin und wieder singe ich vor mich hin, schlafe ein mitten im Lärm, strecke mich gähnend im Schweigen aus oder rufe zum Spaß wie wild ein paar Zahlen und Kategorien heraus. Schon das Echo der letzten Worte höre ich nicht mehr, ganz zu schweigen vom Eigenklang meiner Stimme, der Panzer hat beides mit seinem Motorenlärm überdröhnt, mit seinem Kettenrasseln versöhnt. Selten erinnert mein schnellfeuerhaftes Gelächter mich an mich selbst. Worte wie *Aufruhr* und *Bosheit,* so sehr ich sie liebe, sie gehören dazu und umgeben mich ungefragt. Das könnte mich wütend machen, doch nichts davon. Keine Panik, keine Platzangst, kein Gefühl von Eingesperrtsein, ich habe mich früh schon hier eingewöhnt. Wer immer ich bin, es herauszufinden hilft mir hier nichts, aber es geht mir gut, und ich fühle mich stark, frei im Innern des Panzers. Hier zieht dich niemand heraus, denke ich, gnadenlos zuversichtlich, verstohlen und gleichzeitig froh. Meine Beine baumeln dann frei in der Kabinenluft, die hier weder zu frisch noch zu stickig ist, gerade richtig dosiert, dank der Belüftungsklappen im Heck. Alles was zu mir hereinkommt, muß auch wieder heraus, so herrscht immer ein Austausch, der im Sommer die Brisen oder den Föhn, im Winter den Nachschub erwärmbarer Frischluft bringt. Kurzum, mein Panzer ist auch ein wohltemperiertes Klavier, Instrument für eine andere Art von ... ach was. Nach außenhin sieht er eher unscheinbar, fast trist aus, ein Gehäuse von Eigenschaften, banal und symbolisch, wie alles was wirklichem Schutz dient. Man denke an Bunker, gebunkertes Denken, an Zwischendecken, fleckige Wände mit Winkeln für Heckenschützen, ein Ende mit Schrecken. Man denke an alles was ferngelenkt wird, an Teleskope auf Mondfahrzeugen, Arbeiter über Funk verbunden, Geometrische Ballette, Intrigen und Mimikry, was für ein Wort. Man denke an Birnhams Wald wie er auf Dunsinan zumarschiert, an Effekte in Nebelkammern, Modelle, Attrappen und jede Art Täuschung, vom Schicksal zu schweigen oder, was schwerer wiegt, Glück. Denn zu sehen ist nichts. Und zu behaupten, er sei hinter Tarnfarben versteckt, wäre schon übertrieben dramatisch, dem Panzer ganz unangemessen. Eher bewegt er sich oder steht still wie ein *Wandelndes Blatt* unter Blättern. Niemand kennt mich und niemand soll mich kennen, bis ich zu sprechen beginne. Spreche ich erst, ist es vorbei, unaufhaltsam verschwinde ich. Niemand achtet darauf, man verfolgt nur den Panzer und ergibt sich dem Sprechen, einem Sprechen das sich entzieht und sich selbst nicht mehr hört, ein gewöhnlicher Vorgang, kaum der Rede wert. Es ist wie ein Mißverständnis, zwischen allen vereinbart. Denn getarnt bin nur ich, mein Panzer dagegen fährt, jedem sichtbar, voraus, und willig folgt man ihm. Er vollführt seine eigene Parade und wirbelt künstlichen Staub auf. Seine Manöver sind eine Herausforderung, wenn nicht ein Kriegsgrund. Und doch täuscht er immer nur über mich hinweg, der ich verborgen bin, gründlich versteckt im Sprechen, in dieser andern Welt unerkannt. Wie oft ich mir schon gesagt habe, komm heraus aus dem Panzer, verlaß diesen Haufen Schrott, durch die Zeiten geschleppt, verrostete Illusion. Ganz ruhig, sei ganz Ohr und vergiß nicht, du mußt nicht vorn sein in dieser Panzerschlacht. Aber das Fahrzeug hat seinen eigenen Antrieb. Ich sehe ihm zu, und erschrocken denke ich, so also steht es mit dir. Erledigt auch du, langsam plattgewalzt, überfahren vom Eigensinn, machst du dich plappernd breit. Was du nie sagen würdest, sagt schon ein einziges Wort, ausgelost, eine der Nieten wie *Schwerkraft* oder *Bewußtsein, Erinnerung* oder *Traum.* Für sich sind sie nichts, aber für dich sind sie alles, aus großer Entfernung ein zweites

Gesicht. Und wo ist er geblieben, dein tierhafter Charme. Alle verlernt und vergessen, die lieben Reflexe, Babinsky, Saccadi... Verloschen das nervliche Feuerwerk, verpufft mit ein wenig Daumenlutschen und Lallen, untergegangen im geschwätzigen Aktivitätsstrom. Statt dessen nun konditionierte Liebe, konditionierte Wut, konditionierte Furcht, Gleiches mit Gleichem vergällt, der Weg des geringsten Widerstands, Sprache... Was für ein Spielfeld für Kriegspsychologen, Sanitäter, Doktoren an vorderster Front. Dieses Ich, unter uns gesagt, eine tote Person, großspurig zum Leben erweckt durch Verkehr, ist ein lausiger Trick. Hör ich mich an wie ein Typ, der weiß wo es langgeht? Ich verrichte mein Alpha-Gebet, meine tägliche Andacht, von neuer Aussicht getrübt, ein Mann ein Wort. Eine Zeitlang bin ich hellwach, bereit mich mit Du anzurufen, gerüstet zum Flüstern über das Wie und Was. Doch dann überkommt es mich, und ich fange zu sprechen an, dann überholt es dich, und du fängst mit Versprechen an... Und schon ist es vorbei, das Schweigen geteilt, die Stille getilgt, die Stimme in Fahrt. Dann ergibt eins das andre, das nächste, das fernste, ab durch die Mitte jeglicher Ordnung, Platon und Plotin sei Dank. Nicht mehr zu fassen, schlägt der Sprung in die Sprache das Leck, wo der Liquor austritt, das Serum der Träume. Stimme im Panzer, du machst dich breit, du schwadronierst gegen den Logos der Zoologie, doch kaum wird es ernst, bist zu beflissen zur Stelle, Gehirn bei Fuß. Mein prächtiger Panzer, wie wendig er ist. Dabei sehe ich immer nur ausschnittweise, nach Sektoren sortiert, perspektivisch verkürzt, durch ein Zielfernrohr oder durch schmale Schlitze, reichlich verspiegelt. Mein Sichtfeld verändert sich je nach Fahrtrichtung oder Geschwindigkeit meines Fahrzeugs. Unter den Brauenbögen scheint nur mein Blick das Ziel. Im weiten Umkreis sucht er das Diorama nach festen Körpern ab, ein Bumerang, der zurückschnellt vom Horizont und leicht ins Auge geht. So hat es wohl angefangen, denke ich, damals, der unerhörte Sofortfilm, kaum gedreht, schon vergessen, die Flucht vor der laufenden Kamera, Panik der Phasenbilder, ein Wirbel der mit dem Blitzkrieg begann und auf alles übergriff. Seither hat es nie Feuerpause gegeben, Spule für Spule, Trommel für Trommel, Geschoß für Geschoß. Ostafrikas Zebraherden zum Beispiel, diese Fliegenwedel für Europas Migräne ... wie nennst du, was du da wandern siehst, unaufhörlich von Bildrand zu Bildrand. Nenn es *Gestreifte Esel in einem paradiso terrestre.* Dann ist ihr Zug eine Epiphanie, letzte Sanftmut vor Sonnenuntergang. Nenn es *Verwunschene Huftiermassen auf langem Marsch.* Dann sind ihre Ahnen Kentauren, aufgescheucht von den Salven abrahamitischer Vollidioten. Nenn es *Die Straßen auf Wanderschaft,* und du mußt auf alles gefaßt sein. Womöglich ist es dein eigener Hirnschwamm, essiggetränkt, urwüchsiger Atlas aus Wülsten und Furchen ... Weißt du jetzt mehr? Gib zu Leonardo, *das* war es noch nicht. Ganz egal, ob ich schnell oder langsam steuere oder mich wie besessen immer nur um denselben blinden Fleck drehe, durch den ich, nur scheinbar in Fahrt, die Bilder gleiten sehe, nur in ihm, meinem Panzer, bahne ich mir einen Weg durch das unermeßliche Sichtfeld. Du lieber Himmel, wie schwer sich das sagt, wie leicht mir dabei zumute ist. Alles in Reichweite solcher Vergleiche scheint übertrieben. So paradox es klingt, das Schweigen ist meine wirkliche Waffe, die einzige über die ich an Bord verfüge, die zu mir gehört wie zur Schlange der Giftzahn, die Spucke zum Lama. Doch Giftzahn und Spucke, Lama und Schlange, das alles hat nichts mit dem Schweigen zu tun. Daß ein Artikel ein Glaubenssatz sein kann, nicht mein Problem. Großspurig bremsend durchquere ich eine Leere, die lange von mir bevölkert wurde, und ich weiß nicht, wohin ... wohin wollte er bloß, mit diesem zerbrechlichen Körper, diesem leicht auszulöschenden Hirn, für eine Weile hier drinnen geborgen, fluchend, rechnend, obszöne Witze reißend oder was sonst. Vorwärts, voran zum nächsten Unfall. Herauf und herunter die rollende Woche in kommende Bombenwetter, zu Flurschäden, Kahlschlag, Fiasko, Debakel und Achsenbruch. Nachher sah alles wieder ganz anders aus, implodierende Philosophien, Schatten fliehend vor der Hitzewelle und diese Massen bewegungsunfähiger Technik, ein alter Stahlstich. Kaum ausgesprochen, sinke ich schon in mein Fahrzeug zurück und lasse die Ferne weit draußen, konzentriert auf den vertrauten Maschinengang, das Rumoren unter den Füßen. Unermüdliche Hoffnung, das reißt nie ab. Alle Jahre wieder wechselt der Adressat jedes Grauens, pardon, jedes Glaubens. Vom Standpunkt der Sterne betrachtet, ist die Erde, befreit von den Gasen ihrer Bewohner, ein sauberer Planet. Schon bald wird ihre Leidensgeschichte erlöst sein durch dieses Loch, ein diskretes Echo auf ihre vielen Tode. Dann wird endlich Platz gemacht für die Rache der Sonne. Gegen den Jammer ringsum ist dieser Schlußakt ein heiterer Ausblick. Ich gebe zu, das paßt glänzend in meine private Pornographie des Erd- und sonstigen Geschehens. In der Nachrichtenflut badend, nehme ich die Schrecken verbrannter Erde neugierig zur Kenntnis. Die Erosionen, der Müll, diese wohlüberlegten Nichtswärtsfahrten, alles geht irgendwann auf im großen Wunderwerk der Zerstörung. Jahre später fällt mein

Blick auf die Instrumententafel beim Fahrer mit ihren Schaltern und Meßgeräten im schwachen Licht der Kontrollampen. Das monotone Geräusch, die Gewißheit, in Technik geborgen, schlimmstenfalls in die kurze und schmerzlose Katastrophe durch Technik selbst zu geraten, hält mich tagsüber munter und gibt mir nachts tiefen Schlaf mit Träumen, die allesamt schnell vergessen sind. Erst das Gefahrenwerden bringt das Gehirn voll in Schwung. Der Blick schwimmt aufgelöst im Vorbeigehn, der Körper aalt sich im Psychokomfort der Geschwindigkeit. Kein Gedanke an Zeit, von den Straßen verschlungen, beim Anblick der Wiese, auf der du nie weiden wirst. Nachts schlafen die Tiere im Freien, ein Satz der beruhigen sollte und dich als Kind aufgewühlt hat. Ja, da erfrieren sie doch, hast du gesagt, weit in die Landschaft hinein, am Arm deiner Mutter, und es klang merkwürdig traurig. Du warst entsetzt, wie allein jedes ist, wie einzeln unter den Sternen ausgesetzt, mit keiner Aussicht als der auf den nächsten hellgrünen Tag. Unterwegs mit dem Auto später war alles anders. Keine Mutter mehr neben dir, die Grashalme undurchdringlich, trockene Handflächen, das Licht wie geschaffen zu besserer Übersicht. Ein Tachometer ließ die Beschleunigung leuchten, dritter Gang, vierter Gang, weich geschaltet, leicht überholt. Gutes Gefühl, durch Landschaften fern dieser allerersten zu gleiten, das *Lied von der Erde* im Autoradio, fort vom Beginn, und du sitzt nicht mal am Steuer. Tags bin ich wach wie nur ein Nachttier wach ist, nachts träume ich von Ereignissen wie nur die filmische Willkür von Tagmenschen sie schafft, ihre alltägliche Komik aus Angst vor Langeweile. Auf welche Gedanken man dabei kommt, sieht man an mir. Auch ich hätte jederzeit gern ein wenig vor mich hinseziert, einen Fisch, eine Katze, ein Menschenhirn, das ein oder andre noch warme Stück Fleisch. Ich liebe die Klarheit der Spezialisten, ihr zärtliches Zögern vor jeder Autopsie. Ich liebe das Makellose, den sauberen Schnitt. Denn Form ist grausamer als Vertrauen und Dimension ist wunderbarer als Form. Jede Logistik hat ihren Ursprung im Hirn, jede Semantik ihren Abgrund im Arsch... Und das beste hier sind die Träume, das technische Innenleben des Panzers, sein Unbewußtes, Mechanik, Hydraulik und Elektronik. Präziser als alle Affekte, sind sie es, die ihn insgeheim steuern. Ihre Motorik bringt ihn voran, ihre geländegängige Geometrie, die nur selten euklidisch war, hilft ihm sich zurechtzufinden, wo nichts zu finden ist außer Zeichen und Dreck. Sollte ich stillsein jetzt, nachdem die Worte ortlos im Raum verstreut sind, jedes entlassen zu seiner Zeit, einzeln ausgesetzt. Ist alles gesichtet, abgehandelt und photographiert? Nein, es geht weiter, mit Vollgas, und zwar im nächsten Gang. Denn diesmal steht mehr auf dem Spiel, verschwiegene Selbstbeherrschung, die Frage, wer spricht hier, metallische Glottis. Durchhalten an der Front der Dummheit, das ist es was zählt, sich selbst im Auge behalten, den hinterlistigen Feind. Niemand weiß besser was damit gemeint ist als der Tankist, dieser odysseische Typ. Mit der Geduld einer Wanderameise kommt er voran. Unbeirrt, wo ein Hindernis ihn zum Halten zwingt, wendig auf volle 360 Grad und mit kurzem Ruck von einer Geschwindigkeit starr in die nächste schaltend, nimmt er unermüdlich seinen Weg durch den Treibsand. Nicht die geringste Luftveränderung entgeht ihm. Mit seinen Fühlern, gelenkigen Antennen, abgenutzt vom Sand wie zerarbeitete Hände, registriert er den schwächsten Windhauch, den leisesten Erdstoß, mit dem ein Beben sich androht. Die

Spur seiner drahtigen Beine im Sand, ein genaues Seismogramm, ist Manöverbericht und geographisches Tagebuch in einem. Alles an ihm dient der Fortbewegung, der Ventilation und dem Erkennen. Raumgreifer sind seine Gliedmaßen, sein Gehirn ist ein Kühlzylinder, in den Gelenken sitzen winzige Servomotoren. Sein muskulöser, geländegängiger Körper ist so beschaffen, daß er aus jeder ungünstigen Lage blitzschnell in Fahrt kommt. Sogar im Schlaf gewinnt er noch Raum, sogar dort wo es längst keinen Raum mehr gibt, singt er im Leerlauf von früherer Expansion. In seinen stahlummantelten Träumen, durchschnitten von Kettenrasseln, erlebt er noch einmal und immer wieder die alten Durchbrüche, die alten Rekorde. Alles hat sich gelohnt, der geduldige Marathon, das Verschmelzen der Landstriche, die Monotonien des Blutes, nichts war umsonst. Immerfort unterwegs, aufrecht vor den immer noch fernen Himmeln, wechselnde Panoramen im Blick, lacht er, wenn er sich manchmal sieht, hält inne oder erschrickt, unklar weshalb. Wie die Dinge liegen, treibt das Vergessen ihn vor sich her... So klein mein Bewegungsradius auch ist, gut aufgehoben in meinem wendigen Panzer, studiere ich seine Spur. Etwas taucht vor mir auf und verschwindet wieder, die anatomische Zeichnung eines zerbrechlichen Tieres. Die Zeiger, zitternd über den Skalen, deuten auf ein gewaltsames Eindringen in die noch ahnungslosen Gewebe. Nicht mehr lange, heißt es, und diese fürchterlich zerebrale Landschaft zerreißt.

Falten und Fallen

Alba

Endlich sind all die Wanderer tot
Und zur Ruhe gekommen die Lieder
Der Verstörten, der Landschaftskranken
In ihren langen Schatten, am Horizont.

Kleine Koseworte und Grausamkeiten
Treiben gelöst in der Luft. Wie immer
Sind die Sonnenbänke besetzt, lächeln
Kinder und Alte aneinander vorbei.

In den Zweigen hängen Erinnerungen,
Genaue Szenen aus einem künftigen Tag.
Überall Atem und Sprünge rückwärts
Durchs Dunkel von Urne zu Uterus.

Und das Neue, gefährlich und über Nacht
Ist es Welt geworden. So komm heraus
Aus zerwühlten Laken, sieh sie dir an,
Himmel, noch unbehelligt, und unten

Aus dem Hinterhalt aufgebrochen,
Giftige Gräser und Elstern im Staub,
Mit bösem Flügelschlag, Diebe
In der Mitte des Lebensweges wie du.

Mißklang

Wie lange, bis die Vorhersagen stimmten, wurden Kriege geführt
Um Tonleitern, Herzrhythmen, Pausen. Als würde geordnete Zei
Uns weniger hinfällig, weniger grausam machen. Sei still,
Der Totschlag reicht weit über Datumsgrenzen hinaus.
Alles Hassenswerte schwimmt aufgebracht in Musik.
                                        Schon eine Hand genügt,
Frühe Höhlenbilder in ihren Linien zu finden.
Und darin Angst.

Falten und Fallen

Leute mit besseren Nerven als jedes Tier, flüchtiger, unbewußter
Waren sie's endlich gewohnt, den Tag zu zerlegen. Die Pizza
Aus Stunden aßen sie häppchenweise, meist kühl, und nebenbei
Hörten sie plappernd CDs oder fönten das Meerschwein,
Schrieben noch Briefe und gingen am Bildschirm auf Virusjagd.
Zwischen Stapeln Papier auf dem Schreibtisch, Verträgen, Kopien,
Baute der Origami-Kranich sein Nest, eine raschelnde Falle.
Jeder Tag brachte, am Abend berechnet, ein anderes Diagramm
Fraktaler Gelassenheit, später in traumlosem Kurzschlaf gelöscht.
Sah man genauer hin, mit der aus Filmen bekannten Engelsgeduld,
Waren es Farben, verteilt wie die Hoch- und Tiefdruckzonen
Über Europas Kartentisch. Sie glichen dem Fell des Geparden
Im Säugetier-Lexikon, den Blättern fixierten Graphitstaubs
Mit Fingerabdrücken in der Kartei für Gewalttäter. Deutlich
War diese Spur von Vergessen in allen Hirnen, Falten, Gesichtern,
Flüsternd, bis auf den Lippen das dünne Apfelhäutchen zerriß.

Das Ohr in der Uhr

1

Seltsam, wie Klänge sich ändern. Im Jahrhundert der Violinen
War das Zertrümmern der Schneckenhäuser Musik.
Der Nachhall fallender Würfel hielt knöchern
Über Schlemmerbanketten den Takt. Bald waren Schritte,
Im Muschelkalk knirschend, ein Dauergeräusch
Und ein Appell an die Brandung, wie Geschützdonner,
Weiter entfernt. Alles das Kettenrasseln und Rumpeln
Öliger Fässer, Dampfkesselzischen prägte den Raum
Bis aus dem Kirchenschiff ein Maschinensaal wurde.
Glocken und Hämmer phrasierten den Tag, und von Rädern
Und Walzen spritzte Schlamm auf Akkorde. Ein Wind
Fuhr in Notenhimmel, geordnete Partituren.
Von nun an
War jede Andacht Abkehr, die Suche nach Zwischentönen,
Ein feines Spiel mit den Echos der Echos ... *Vanitas*
Für Gelähmte. Wie du staunend am Ufer den Kieseln
Zusahst, die lautlos erst leicht, dann schwererwerdend
Das Wasser streiften. Der Strand, zerwühlt
Von nervösen Familien, war unter zurückgelassenem Müll
Bis auf das einzige Radio stumm. Und daß Möwen
Wie Schulkinder schrien, war eine Täuschung
Geschärfter Ohren in der vorweltlichen Szenerie
Von Gräsern, unhörbar wachsend, und Kalksteinfelsen,
Zermahlen zu Staub.

2

Auf einmal mußten die Fische beatmet werden.
Unter künstlicher Haut lagen städtische Teiche, Kanäle,
Von Hydranten bewacht, pumpend still. Reglos
Im Regen verfielen die Bäume dem Lärm. Ihre Stämme,
Verletzt, trugen weiße Binden, Unfallspuren,
Eine verwitternde Blindenschrift. Seit die Himmel
Geschichte sind, zogen die Wolken vorbei wie versetzt
Über Dachterrassen und klimatisierte Hügel,
Mit kleinen Villen bestreut. Ein Blick auf die Uhr,
Und der Tag lag gebannt. Jeder ging nach Gehör,
Setzte eilig den Schritt, verlief sich, vom Hierhin
Und Dorthin entzückt.
Gewalt, aus den brütenden Schächten
Stieg sie und räumte den Weg frei für ruhigere Viertel,
Für die wohnlichen Zonen, den Freitod
Auf Inseln der Philharmonie. Und wie alles drohte,
Wie der Wind mit sonorem O in den Ohren lag...
Gab es nicht Parks mit geschützten Tieren, Asyle
Mit Bänken fürs Alter. Wie leicht dieses Sterben fiel
Unter den Kolonnaden, den Bögen verbrauchter Luft.
Mitten im Satz schlug eine Autotür zu. Dein Erschrecken
Wechselt die Straßenseite, noch immer, die Gangart.
Hör zu, junges Schlitzohr, was auch im Traum
Nicht mehr Laut gibt, ist tot. Wußtest du nicht?

Wer bist du, daß …

1

Das Gehirn, beinah täglich stößt es sich, Wort für Wort
Am *factum brutum* der Nöte, verwandelt in Stein.
Über Stunden weidet es an den flüchtigen Grenzen
Des Sprechens und dieser Bosheit aus Zement und Prothesen,
Die vor den Engeln mit Zähnen knirscht. Jedesmal
Zwingt biologische Blöße zur Umkehr, zum Paradox, –
Was noch immer das beste für ungleiche Seiten ist.
Maßvoller Ekel erfindet den Traum reiner Nützlichkeit
In den Poren weißgrauer Papierschwamm-Massen.
Endlich war es soweit; Phantasie, das Geduldetwerden,
Schwächte die tierhafte List und der Lächerlichkeit
Wurde der Boden entzogen, auf dem sie barfuß ging.
Nicht das Gerücht trieb nun an, der anarchische Schwall
Über Asche und Landschaft. Es regierte die Dürre,
Ein Prozeß aus gekreuzten Rassen, Elektronik und der Diät
Einer Tautologie, verliebt in ihr vielfaches »Wie gesagt …«

2

Was für ein Klima in dem die Armbanduhren in Haut übergehn.
Die vielen Abziehbildchen der Dinge, wie Seifenblasen gewölbt
Brechen sie aus den Poren, ein Sofortfilm aus kaltem Schweiß.
Das mikroskopische Auge, fieberhaft frierend und isoliert,
Funkelt sein Nein aus der Knochenhöhle. Der Blick, fixiert,
Verliert an Facetten, was er an Tiefenschärfe gewinnt.
Alles hing jetzt zusammen, und doch war nicht klar,
Ob es ein *Alles,* ein *Zusammen,* ein *Jetzt* überhaupt gab.
War es der Gleitschutz aus künstlichem Licht, der die Körper
Schadlos hielt für das Verschwinden der Fingerzeige am Rand?
Präzision, dieser Querschläger singend im Fleisch, wandert längst
Unbeirrt an sein innerstes Ziel aus Silicium, Eiweiß und Glas.
Nur das Gefrorene überlebt, in Gebeten noch *Seele* genannt.
Lange vorm ersten Ventilator sah Aristoteles im Gehirn
(Nützlich zur Jagd und auf der Flucht durch die künftigen Wüsten)
Kein Organ – nur einen Mechanismus zur Kühlung der Luft.

3

Stumpf, wie der Blick durch mehrere Autofenster in Richtung Stau
Reibt sich im Unbewußten Gemurmel, der tägliche Durchschnitt
An Panik, Erleuchtung und Apropos... Egos eigenstes UKW.
In ihrer Dichte unkenntlich, rangeln Gesichter und Stimmen
Um die beste Erinnerung, die günstigste Sendezeit im Gewühl.
Alles Verheißungsvolle bleibt draußen, drinnen spielt die Musik
Reibungslos ihre Absenzen, wie in den Geisterfabriken Japans
Ferngesteuerte Hände Mozarts Abgesang auf den Menschen.
Der erotischste Freitod, der schönste Meeresfilm, das perfekt
Blau, –
Images of a final world, dazu ein Lächeln das in der Luft hing,
Die sterbliche Leuchtspur von Charme und Scham, ein Signet
Für den weiblichen Glücksfall, – Tauchen bevor die Dreckflu
steigt.
Einmal gesehn, fragt sich jeder, ob er den Augen noch traut.
In fünfhundert Jahren nichts als das Verschlüsseln der Gleichung
Vom *Homo sapiens* aufrecht in Leonardos Kreis und in Agrippas
Magischem Pentagramm – in dieses X über der Tür zum WC.

Caoutchouc

> »Die Nacht ist erhaben, der Tag
> ist schön.« (Immanuel Kant)

... Worte, mit denen du leben mußt, sind nicht komisch,
Wenn auch nicht tragisch, doch fragt sich, wer sagt hier wen?
Das Sprechen vom Grund herauf wird nur selten gehört.
Kein Gesang aus den oberen Schichten ... Die Ankunft
Von etwas wie Fremdheit verstellt sich hier selbst den Weg.
Monströs wie ein Augenpaar dicht unterm Wasserspiegel
Glotzt dich ein Datum an morgens. »Spielst du noch mit?«
Sind nicht die Tage und ihre Serien lange schon registriert,
Werkzeug, Metapher und Uhr, alle vom Haarriß bedroht.
Beweglich im Unbeweglichen, leicht verletzt, bald ereilt,
Animiert es sich immer von neuem, und lacht, und wärmt.
Was hat die Fliege im Fenster nur mit Bewegung zu tun?
Der Mond ironisiert schweigend die Erde, ein gelber Clown.
Ein Körper, der völlig verblödet, gehört dem Raum ...

Entfernte Inschrift

Solange ging ich mit dem Rücken an der Wand,
Daß meine Rippen schmerzten. Ein Jahrhundert später
Fand man den Abdruck im Gestein, ein Fischgrätmuster.

Wie andre in den Ohren Meeresrauschen, hatte ich
Landeinwärts unterm Schritt den Wellengang
Unruhiger Schläfer in der Erde, ihre tollen Späße.

Denn ich war Geisel. »In den Händen welcher Macht?«
Es war Langweile von Geburt an. »Asiens Stärke . . .«
Wer fragt mich, ob ich lebte. »Tot seit wann?«

Nachts lag ich lange wach, sah violette Himmel,
Gedunsen vom Gebrauch der Städte, schwarze Wasser.
Den Archäologen blieb die Stätte rätselhaft.

Damnatio memoriae

Daß du nicht fortgingst, kaum erwacht, von diesem wind-
Stillen und kultischen Ort, okkupiert von Verächtern,
Der junge Körper im Schlaf erpreßt, woher wußtest du,

Damals schon, daß es das Falsche war? So ungeschickt,
Ein Schauspieler in der Rolle des Kaisers Domitian,
Kleine, vom Hungern müde Fliegen über Tische fegend,

Warst du gebannt von den schlechten Manieren
Politischer Barbaren, von ihrer Grobheit, ihrem kaum
Verborgnen Drang nach einem Bad im Paradiesschlamm.

Phrasen entzückten dich, hohles Gerede von Wissenschaft
Die das Leben erneuern sollte, machte dich froh.
Irgendein Skeptiker hielt dich mit Argumenten in Schach.

Aber das war es nicht. Nicht die Dekrete, verlesen nachts
Von schwammigen Vasensammlern, in den Baracken
Voll pollutierender Jugend, des Augenblicks Brutalität

Zog dich in den Jahrhundertraum theologischer Lehren.
Von dort zurück halfen nur Attentate, zu kühn für dich,
Auf ergraute Prätoren, Hohepriester der violetten Magie.

In Verrat geschult, gaben sich Greise den Bruderkuß
Vor Potemkinschen Dörfern, Gouverneure, die ihr Jagdwild,
Von Scheinwerfern geblendet, beim Füttern erledigten.

Anarchie, und auch das war nicht neu, wich dem Studium
Haarfeiner Kranzgefäße um das kalte Herz des Diktators,
Dem Kopieren von Muttergesten, Stammbäumen, Plänen

Für Paläste und den geheimen Fluchtweg aus dieser Zeit.
Alles war vorläufig, brüchig, eine Ödnis, zerstampft
Von den Drachen der Industrie, und zu weinen verbot sich.

Solange es Tontafeln gab, bekritzelt mit Krähenfüßen,
Bliebst du dem Fundort treu, provinziell bis zum Gaumen,
In den Taschen die Reiseführer durch langen Schlaf.

Einer Blindschleiche, vielleicht, wärst du zögernd gefolgt.

Ja, damals . . .

Nichts war so schnell verschwunden wie dieses Irreale,
In dem sie sich sammeln konnten, gemeinsam stumm
Wie unter der Erde Ergraute, in kleinen Scharen.

Aß man nicht immer vom Mutterkuchen und las
Murmelnd in schwerer Zeitung statt von goldenen Eiern,
Vom Weg des Bleis zurück in die Flüsse, ins Bergwerk?

Auffahrend nachts, sahen manche sich vom Volumen
Der alltäglichen Tode erdrückt. Sie alle trugen
Dasselbe Bildnis, in Wachstuch gehüllt, auf dem Rücken.

Vereitelte Liebe, in Geheimlehren giftig . . .
Nichts war so greifbar vertraut, so real
Wie ein Leben, geführt nach den Regeln der Metaphysik.

Schlaflosigkeit

Und einmal sah ich die Störche von oben, ihre schäbigen
Flügel, gehoben, gesenkt in die Ruhe ziehender Wolken.
Drinnen im Flugzeug war es ein Motortraum,
Technischer Schlaf, der durch Zeitzonen mithielt
Auf den Routen der Tiere. Triebwerke, Wolken
Und Passagiere, das alles entzog sich
In Pythagoras' Schweigen. Von den zahllosen Mythen,
Verbrannt, war nur Asche geblieben, eine endliche Weiße,
Zermahlen zu etwas das den Tenor des Lebens gab,
Angst vor der Zeit. Auch die Erde, für Stunden,
War unauffindbar geworden wie die wandernden Lager
Der Reiterhorden, das Grab Dschingis Khans.
Nichts verriet, wohin ihre Toten dort unten, die Mumien
Aus Pech, wenn die Städte erobert waren, verschwanden.
Auch das Epos von Meerfahrt, vom glücklichen Wilden,
Mit Stahläxten zum Christen verwandelt, lag weit
Im Dunkel zurück, schon homerisch.
Den Störchen im Keilflug
Sah man den Rückzug an Afrikas Flüsse nicht an.

Späte Erklärung

Wie schnell alles aus ist, die Lichtwechsel, das Lachen,
Der jüngste Tag. Eben noch Steilwände, undurchdringlich,
Sind die ragenden Mauern gefallen. Im Dunkel
Kehrt Steppe zurück in die Stadt, die Legende
Vom Leben in Horden, an offenen Feuerstellen und ohne Schutz.
Das Kreischen verscheuchter Katzen wie Urgeschrei
Läßt an Brandmarkung denken, mongolische Foltern,
Die Initiation scharfsinniger Kinder, im Töten geschickt,
An Jagdlust statt Hysterie.
Vergessen die Schmerzen des Aufrechtgehens, die kleinen Lügen
Von Couch und Telephon, hinter farbigen Cocktails
Versteckspiel. Intrigen, wie wenig das zählt,
Vor den sich schließenden Oberflächen einer Stadt,
Den Verbrechen, nie aufgeklärt, diesem Abschied in allem.
Mehrheiten, Minderheiten, und wie sich vieles gruppiert –
Bis Zwist aus den Blicken sticht und der einzelne
Komisch wird wie im Straßengraben,
Auf Obstkisten angelandet, ein Autowrack
Oder am Rand eines Parkteichs ein roter Rettungsring,
Morgens im Dreck die wie Stecknadeln glitzernden Augen
Einer plattgefahrenen grauen Maus.
Vom Vorbeiziehn der Wolken beleidigt, führst du
Spätabends Prozesse gegen den unbekannten,
Den analytischen Gott. Mit den Jahren
Schließt Zeit dich kurz mit dem Pulsen der Halsschlagader.
Kaum hörst du dich sprechen, trübt ein Verdacht jedes Wort,
Daß dir jemand gefolgt sei, du selbst, dein
Grammatischer Schatten. Zuerst noch Gestammel,
Dann der Bericht, erst die geliebten Verbote, danach
Die hygienische Maske, der Film aus getrockneter Haut.

Unmerklich wie Sterben verkehrt sich,
Was in den Gelenken sang, in Ticken von Uhren, Knacken
Von Fingerknöcheln vorm Mikrophon.
Alles Nervöse kommt schnell zu Wort, wo sich einzelnes meldet
Inmitten so vielen metallischen Lärms. Der Logik
Von ersten Augenblicken gehorchend, ging man als Kind
In den Hohlspiegel ein: alles ringsum verzerrt.
Geboren am Abend, unterwegs durch gefährliche Städte
Am Morgen, gleich vertraut mit den blutigen Stufen,
Der Widrigkeit hingegeben, ein Komplize der Leere,
Warst du am Mittag gewarnt vor dir selbst.
Etwas verlor sich, und jede Stille war peinlich
Noch vorm Entstehn, seitdem du die Knochen hörtest,
Das Schwirren der Schädelstücke, schweigend
Wie mit vulgärem Mund.

Requiem für einen Höhlenmenschen

Was, wenn dir das alles eines Tages egal ist? Zerstreut
Nimmst du die andern wahr, die Gefährten
Von damals, von morgen, die Zeitgenossen,
Die ihre Leben entwickeln wie Filme, und nichts
Wird sichtbar als diese leeren Hände überall
In der schlechten Luft. Das einfachste Du
Ist schon unabsehbar... Der Blick in den Lichtschacht
Eines alten Hotels mit Suiten für Ehebruch
Und Gelage der Prominenz, eine Pause im Funkverkehr,
Ein Signal in den telephonischen Riten, plötzlich
Ein Kinderwunsch, der unhörbare Sturz eines Antipoden
Oder das Murmeln der Toten, der absurde Trost
Des Chirurgen, der sich beim Leichenöffnen
Ein Selbstgespräch gönnt, nahe der Milz.
Wie diskret alles zuging, zeigt sich nach Jahren.
Ein vergessener Brief taucht dann auf, eine Krankheit,
Nie ausgeheilt, eine fehlende Zeile, in der Männer wie Freud
Widerrufen. »Alles nur halb so schlimm...«.
Und schon sind Welten vergessen, Idiome verwandelt,
Gebete verweht. Worte wie *Liebreiz* und *Antlitz,*
Ein Weilchen noch laufen sie mit wie anhängliche Tiere,
Dann verlieren auch sie sich erschöpft am Rand.
Niemand erklärt dich, schönes versehrtes Herz.

Über Nacht wird dir klar,
Daß es der Ausdruck des Immergleichen war, diese
Grobe Ähnlichkeit, kaum ausgebrochen, schon epidemisch.
Mitten im Strom sind die Körper schwer
Unterscheidbar, die müden Gesichter
Wie aus dem Schlußverkauf selig geworden, konform.

In jedem war soviel vom nächsten, ein physiognomischer
Zyklus der durch die Innenstadt lief, vor Spiegeln sich staute,
In großen Kinos die Leinwand beherrschte, erneuert
Durch das Idol der Saison. Welcher Schock,
Als im Licht der Museen für dich die Steinzeit begann
Beim Anblick des Schädels, in der Vitrine rotierend
Auf rotem Samt. Die branddunklen Augenwülste,
Die fliehende Stirn mit dem Fresko aus Schrammen
Und Löchern, die Schrecken der Großwildjagd, Zeit,
In die innersten Höhlen geritzt, bis auf den Knochen
Der Eigensinn. Nichts was hier träumte, kein Zug,
Der sich auslöschen ließ durch Gefühl, Religion,
Sehnsucht nach einem göttlichen Schwamm.
Dieses Jochbein war einzig. In den Tagen des ersten Feuers
Gehärtet, trat seine Wölbung hervor, schnitt
Durch die Reihen der Population
Bis nurmehr Komik blieb, makaberes Tanzen, ein Requiem
Im Plural, Urzeit, durch Panzerglas intoniert.

Steinheim, Neandertal, Cro-Magnon, dieser Singsang
Der Gattung ... Namen für Hirnschalen,
Für Kiefer und Kinnladen, real wie die Reste
Versenkt in den Müllgruben Moskaus, den Plastiksäcken
Manhattans, in den Gärten der Serienmörder, den Tonnen,
Unten am Flußgrund rollend. Jedes Haar eines Mammutjägers
Wog mehr als die traurigen Knochen
Der Namenlosen, an den Ufern der Baggerseen, verstreut
In den Wäldern, die Spielzeuge Kains.
Draußen dann holte ein Krachen dich ein,
Das Geräusch kahler Köpfe, mit einem Wurf abgeräumt,
Im Beifall der Kegelbahnen die Stammesfehden
Des alten Europa. Die Wartenden auf den Ämtern,
Wie gerupfte Hühner saßen sie aufgereiht auf den Bänken,

Verglichen stumm ihre Nummern, gingen auf und ab
In den Gängen, hoffend auf Brandzeichen, Fetische, Stempel,
Das richtige Wort, das den Nervendruck fortnahm,
Die Hypnose des Geldes. Seit die Gräben geschlossen wurden,
In der äußersten Helligkeit dieser Straßen und Flutlichtstadien
War jede Grausamkeit Trauer, traumwandelnd
Durch keine Vergangenheit, keinen milden Bezirk.
Und es warst du genauso wie jeder andere, der sich blamierte.
Durch Schritte zur Mitte, Blicke die anhänglich wurden.
Das Übel, elektrisch verteilt, war den meisten vertraut
Wie die sichere Höhle. Niemand lag mehr in Mulden,
In morastiger Nacht und verlor sich,
Klein in den offenen Weiten, ein Komma im Regen,
Ein Blitzfang. Besser als unter Brücken zu leben,
Schien der Halbschlaf, die Panik
In den Büros und Apartments, das hierarchische Schnarchen,
Das Zischeln der Polytheismen, eingespritzt und zerstäubt
Wie Benzin. Liefen nicht unterirdisch Maschinen warm?
Kleine Hilferufe fuhren am Nachthimmel auf.
Horchend schlief man und starrte
Den riesigen Wolken nach. Wie Böschungen langsam
Vorüberziehend, brachten sie Schatten über die Stadt,
Die manchmal tagelang blieben
Wie in den Körpern die Echos, in den Kavernen
Das *Incognito mio*...
Mio incognito, was ging hier vor?
Wohin lockten, hysterisch heulend,
Die motorisierten Sirenen? Für welchen Totenkult
Sprach der Lärm in den Straßen, der Abgasnebel,
Der verdeckte Blick des Passanten, das Zögern
Des Ablaufs vor einer Ampel? Waren das Opfergaben
In den Schaufenstern, Proviant für die Toten,
Für die Urahnen Bier? Sind die Füße erst warm, nachts,

Betest du Zeitformen her, bis zurück
Zu den Nestern der Frühzeit, den Zelten,
Ein prähistorischer Mensch, ein Bewohner
Der Rippenbögen von Monstern, noch ohne Grammatik,
Nur mit den Lauten für die tausend Arten des Dunkels,
Der Finsternis: Hier waren wir sterblich, hier
Sind wir sterblich, hier werden wir sterblich gewesen sein.

Einem Schimpansen im Londoner Zoo

Waren es Augen wie diese, in denen das Fieber zuerst
Ausbrach, das große »Oho«, wortreich von Reue gefolgt?
Was für ein Sprung, was für ein Riesensatz aus dem Dickicht,
Von diesem Schimpansen zu Buster Keatons traurigem Blick
Über die Reling, dem Hut nach, unerreichbar im Wasser.
Und die Entfernung nimmt zu! Mit jedem neuen Unfall
Wird die Wirbelsäule ein wenig steifer, halten die Hände
Das Steuer fester inmitten der Trümmerhaufen aus Rädern
Und Blech, zerquetscht. Schon damals dasselbe Mißgeschick,
Derselbe hektische *slapstick*. Mit nacktem Arsch voran
Zurück in die kleinen Paradiese zu friedensstiftendem Sex.
O weh, diese Trauer, geboren zu sein und nicht als Tier,
Die böse Vergeblichkeit, hingenommen mit unbewegtem Gesicht.

Einem Okapi im Münchner Zoo

Daß eine Stahltür sich öffnet, und seinen letzten Käfig
Betritt ein Fabeltier, zitternd, weil es Zeit ist zum Füttern,
Weil der Pfleger nach Hause will und das Publikum lacht,
Steht in keiner der Einhorn-Legenden verzeichnet. Okapi, –
Ein Wort aus den Urwaldsprachen, die niemand mehr spricht.
Zu kurz für Savannen, hat dieser geduldige, rostbraune Hals
Die Strohballen verdient, den vergitterten Schlafstall.
Denn die gerodete Welt wird ihm fremd sein, so fremd
Wie dem zerstreuten Besucher ein kombiniertes Tier,
Halb Giraffe, halb Zebra, und von den kindlichen Schatten,
Den Bilderbuch-Silhouetten beider, gleich weit entfernt.
Noch so ein Wiederkäuer verlorener Zeiten, ein Posten
Am zoologischen Wegrand aufgestellt, wie zur Warnung
Vor der Exotik von Hinterbliebenen, einsam in ihrer Art.

Einem Pinguin im New Yorker Aquarium

Für gewöhnlich fängt es mit Kunststücken an. Eine Tierschau
Präsentiert die geordneten Reihen, Kokarden nach vorn:
Seehunde im Trio, Bälle jonglierend auf ihren Nasen, schlanke
Wendige Statuen, von Dompteuren synchron geschaltet
Wie am Broadway die Tänzer, in den Ghettos die Eckensteher,
Schlaksig verrenkt vor den Feuerleitern. Dann erst kam er,
Dieser junge Pinguin mit dem Namen des deutschen Gelehrten,
Der einfach nur dastand, nichts konnte, nichts wollte, der Held
Früher Vaudevilles, flackernder Filmkomödien, schwarzweiß
Gezeichnet, den Stufen preisgegeben, der windschiefen Welt.
Heimlicher Favorit einer Minderheit kindlicher Wähler,
War er der Angestellte im Frack, am Beckenrand schwankend,
Fröstelnd auf Schwimmflossen, die Flügel zuckend. Wie elend,
Vollendet sein Nichtstun, bis in den Abgang, ganz ohne Knicks.

Pech für den zweiten Wurf

Zwei Uhr nachts, Zeit des Igels der
Bei den Mülltonnen stöbert
Während du zögernd
Wie auf Stacheln vorübergehst

Irgendwo in Europa, im selben
Mondflutlicht heimisch
Und wie dieser Igel
Raschelnd im Rinnstein

Irgendwo in Europa, nichtsahnend
Erfrischt von Novemberkälte
Und wie dieser Igel
Allzu mager für einen langen
Winterschlaf, allzu naiv

Sich nicht doch noch mit Äpfeln
Vollzustopfen um zwei Uhr nachts
Irgendwo in Europa
Und wie dieser Igel

Eine so leichte Beute der Zeit.

Hälfte des Ohres

Hälfte des Ohres

Kleine psychische Illusion, sei ganz Ohr:
Ich eröffne ein Selbstgespräch.
Schwebend im siebten Neuronen-Himmel

Wo die Stimmen Erinnerung feuern,
Engramme stammelnd, ein neues Sternbild,
Punkte die auf der Hirnrinde glimmen

Wie Bordgerät nachts, leuchtende Skalen
Bin ich nach außenhin ruhige See,
Im monsunen Hormonstrom geborgen.

Alles wird zählbar, diskret, seit die Schädel
Der Mörder vermessen werden, die Abenteurer
Zum Bluttest müssen vor Reiseantritt.

Pawlow erhöht den Speichelfluß Livingstones.
In der Enge der Skinner-Box wütet Scott.
Arktische Winde wehen durchs EEG.

Röntgen strahlt Bering ins Stirnbein.
Rorschach erstellt das Psychogramm Magellans.
Columbus' IQ hält den Staat in Schach.

Das Woher-Wohin, im Sekundentakt starr
Ruckt an den Unbekannten, Tiefsee und Es.
Und die Reflexe wechseln im Kollektiv.

Blattrispenfein scheint Elektrik vom Grund auf
Der Schläfen, Geäder aus Kupferdraht;
Die klinischen Widerstände der letzte Halt.

Paradoxe Phase – je schwächer der Reiz
Um so stärker der Druck, bis zum Massensterben
Für eine Farbe, ein Blinklicht im dichten Verkehr.

Reglos auf Tauchstation in den Metropolen
Das Leben ein Unterwasserfilm, schillernd
Von jähen Richtungswechseln, Alarms im Schwarm.

Unfälle, Suchscheinwerfer, Begierden,
Und plötzlich ein Sprung in die Straßenschlucht
Oder am Gummiseil, angstgeil, *the bungee jump,*

Unten die Autos, die Hubschrauber oben.
Doch Oben und Unten sind schnell vertauscht
Auf der Netzhaut wie Mikro- und Makrowelt

Im Gehirn. Schon ein Milligramm Rückenmark
Wimmelt von Zellsternhaufen. Mit jedem Körper
Platzt auf der Erde ein geschwollenes All.

... Kleine psychische Illusion, sei ganz Ohr.
Hör heraus, wer hier wirklich spricht. Findige Geister
Aus Filmstudios, quasselnd im afrikanischen Busch

Oder Psellus' *spirits.* Was im Gehörgang hallt
Und in der Luft umherschwirrt, Gespräch im Wind.
Was aus der Wohn-Box dröhnt oder im Telephon

Knackt wenn die Stimmen körperlos streiten
In labyrinthischen Gängen, in resonanten Höhlen,
Fliehend ins Ohreninnerste, ins Gewinde

Der Schnecke die zum Gedächtnis führt ... Bullauge,
Vor dem die Seepferdchen tanzen und Fischschwärme
In Fruchtwasser schaukeln, von Musik formiert.

Und weiter zum Unbewußten, bis jeder einzelne Ton
  In der phonischen Gallert zum Knorpel erstarrt, –
        Schmerzen, Orgasmen, Angstlust in einem Klang,

Gutturales Getöse, Brandung von Anfang an,
  In die der Körper zurücktaucht, umspült, belebt,
          Zwischen den Atemzügen der Sichtkreis sinkt.

Wie der Raum, hinter dir zum Gedächtnis verengt,
  Nach vorn sich erweitert und dich nicht kennt,
      Als Diorama wiederkehrend mit jedem Augenblick.

Bio-Savanne; und alles Chaos wird integriert.
  Aber die Sprachen greifen nicht wirklich zu.
              Also weiter im Vers, tiefer ins Diagramm,

Wo aus Endlosschleifen sich Zahlen winden,
  Unberechenbar weil sie lautlos sind
    Wie zwischen Linkshirn und Rechtshirn das Ping-Pong

Lichtschneller *Sinnesdaten* und ihr Zerfall.
  Denken in Echtzeit, und wie es weitergeht
            Zeigt dir Zenons Pfeil, der gefrorene Flug.

Gerissen die Witze, durch und durch codiert der Raum,
  Bis sie sich endlich im Konjunktiv fanden (»Verkannt«).
    Zwischen Nekro und Neuro der Weg voraus.

. . . Kleine psychische Illusion, sei ganz Ohr:
  Komm heraus aus Geräusch und urbaner Trance.
        Wach unterm Sprechzwang rekelt sich Aphasie.

Krater des Duris

Dieser da der Kerl
mit dem spitzen Bart der
listig Grinsende mit der Ferse
im Hinterhalt hellstirnig und beinah ein wenig
zu elegant war also Odysseus: ein Tonsprung scheint's
aus trojanischer Zeit. (D. h. kurz bevor dieser Ruinenflüchtling
eifrig das Rad des nächsten Jahrtausends Geschichte in Gang schob:
Aeneas). Ausgerechnet mit Aias um eine Rüstung viel zu schwer
für ihn will er sich balgen. Nicht genug daß er der Sohn
eines Schurken ist: Sisyphos der ihm die Mutter aus
Rache beschlief muß er zu alldem noch zeigen wie
man den dümmsten Krieger im Handumdrehn zum
Platzen bringt. Als hätte er immer nur Streit
gesucht süchtig nach Schwierigkeiten
stößt er den Kopf vor: Schicksal
Ihr Lieben ist wie ein Rausch-
gift das lange vorhält. Im Grunde
genügt schon ein einziger Schuß.

Inhalt

Suhrkamp Verlag GmbH
Torstraße 44, 10119 Berlin
info@suhrkamp.de
www.suhrkamp.de